# Margarida de Oingt,
monja cartuxa do século XIII

Vanderlei de Lima
(organizador)

# Margarida de Oingt, monja cartuxa do século XIII

Sua vida mística, sua obra *Speculum* e o seu culto imemorial

[cultor de LIVROS]

São Paulo, 2022

**Organização, introdução e notas**
Vanderlei de Lima

**Revisão**
Cartuxa de Maria Medianeira (Brasil)

**Preparação**
Letícia de Paula

**Capa**
Elisa H. Storarri

**Diagramação**
Cecília Hulshof Minowa

**Dados Internacionais de Catalogação na Publicação (CIP)**

---

de Lima, Vanderlei (org.)
   Margarida de Oingt, monja cartuxa do século XIII: sua vida mística, sua obra *Speculum* e o seu culto imemorial / Vanderlei de Lima (org). São Paulo: Cultor de Livros, 2022
   ISBN: 978-85-5638-244-3
   1. Vida cristã 2. Testemunhos 3. Ordem dos Cartuxos I. Vanderlei de Lima II. Título

CDD-248

---

**Índice para catálogo sistemático:**
1 Vida cristã 248

Cultor de Livros - Editora
Av. Prof. Alfonso Bovero, 257 - Sumaré
CEP 01254-000 - São Paulo/SP
Tel. (11) 3873-5266
www.cultordelivros.com.br

# Sumário

Introdução .................................................................. 7

**Capítulo I | Margarida de Oingt em sua vida mística cartusiana** ............................................. 9

*A vida na Cartuxa feminina* ........................................ 9

*A alegria de ser monja cartuxa* ................................. 15

*1. A vocação* ............................................................. 16

*2. As etapas do caminho* ........................................... 20
    A. O Postulantado .................................................. 20
    B. O Noviciado ....................................................... 21
    C. A Profissão temporária ..................................... 22
    D. A Profissão solene ............................................. 23

*3. Monjas do claustro e monjas conversas* ............... 24

*4. Os aspectos mais característicos da espiritualidade cartusiana* ........................................ 26
    A. Deus só ............................................................. 26
    B. A solidão e o silêncio ........................................ 27
    C. O repouso espiritual ......................................... 30
    D. Fidelidade à Cruz ............................................. 31

*5. As peculiaridades da Cartuxa* ............................... 33
    A. A monja cartuxa, uma eremita integrada em uma família monástica. ........................................ 33

B. A cela .................................................................. 35
C. Os horários da Cartuxa .................................... 37
   a. O Ofício noturno: Matinas e Laudes ............ 37
   b. A manhã ........................................................ 39
   c. Tarde e noite .................................................. 40
   d. Horários em função da vida litúrgica .......... 41
6. As origens da Ordem Cartusiana ..................... 41
Quem é Margarida de Oingt? ............................... 43
O autêntico êxtase na mística .............................. 45

## Capítulo II | O espelho ......................................... 51

*I* ............................................................................... 51
*II* .............................................................................. 53
*III* ............................................................................. 55
*Posfácio* ................................................................... 58
   **Carta de Margarida de Oingt** ............................ 58
*Bibliografia* ............................................................. 59

## Capítulo III | Algumas manifestações do culto imemorial a Margarida de Oingt ........................ 61

*O texto de Bento XVI em português* .................... 62
*Testemunhos iconográficos do culto à Margarida* .... 67

## Literatura da cartuxa no Brasil ........................... 77

## Contato de vocacionadas com uma Cartuxa feminina ................................................... 81

## Contato de vocacionados com uma Cartuxa masculina .................................................. 81

# Introdução

Neste livro, reunimos algo *de* e *sobre* Margarida de Oingt em seu contexto de vida, ou seja, de monja cartusiana do século XIII agraciada com êxtases místicos, depois de um dos quais escreveu o livro *Speculum* (O Espelho) que, ora, temos a alegria de apresentar em língua portuguesa.

Acreditamos, no entanto, não ser possível ler com proveito *O Espelho* — a pequena, mas densa obra de Margarida — sem antes conhecer um pouco mais a respeito da Cartuxa, de dados biobibliográficos de sua autora com os fenômenos místicos que a acompanharam — em especial, o êxtase.

Uma vez conhecido o *Speculum*, voltamo-nos para os ricos testemunhos — inclusive iconográficos — do seu culto imemorial, desde logo após a sua morte até os dias de hoje. Neste quesito, não podemos nos esquecer de que, em sua *Catequese* de 3 de novembro de 2010, o Papa Bento XVI a chamou de *santa*. Com isso, o Sumo Pontífice como que autentica, por assim dizer, esse culto imemorial à Margarida de Oingt, monja cartuxa e prioresa de Poleteins.

Possamos nós, a exemplo desta grande mística do século XIII, aprender, com a graça de Deus uno e trino, no *Livro de Jesus* a seguir firmes, em meio às tribulações deste mundo (cf. Jo 16,33), mas assistidos por uma grande nuvem de testemunhas (cf. Hb 12,1), rumo à cidade onde o arquiteto e construtor é o próprio

Deus (cf. Hb 11,9-11), certos de que não há maior bem do que entregar a vida pela causa do Reino de Deus.

Afinal, já indagava confiante São Bruno († 1101), fundador da Ordem Cartusiana: "Que outro ser é tão bom como Deus? Melhor ainda, que outro Bem há senão só Deus? Por isso, a alma santa percebendo em parte o incomparável atrativo, esplendor e beleza desse bem, inflamada em chama de amor, diga: *'A minha alma tem sede do Deus forte e vivo, quando irei ver a face de Deus?'* (Sl 41,3)" (*Carta a Raul*, 16, *apud* Um cartuxo. *Antologia de autores cartuxos*. São Paulo: Cultor de Livros, 2020, p. 63).

Boa leitura!

Ir. Vanderlei de Lima,
eremita de Charles de Foucauld

# Capítulo I

## Margarida de Oingt em sua vida mística cartusiana

Importa, a título informativo e ilustrativo, tratar, ainda que brevemente, de como é a vida cartusiana numa cartuxa feminina. Feito isso, buscaremos conhecer melhor quem foi Margarida de Oingt para, por fim, expor como a Teologia ilustra o êxtase ocorrido com tantas almas retas, incluindo, é claro, nossa monja cartuxa do século XIII.

### *A vida na Cartuxa feminina* [1]

A Ordem Cartusiana foi fundada por São Bruno e mais seis companheiros, em 24 de junho de 1084, em Chartreuse (daí o nome Cartuxa, em português), na França. Guigo, o quinto Prior da Cartuxa, fazendo eco à tradição da Ordem, elaborou, entre 1121-1127/8, os *Consuetudines Cartusiae* (*Costumes da Cartuxa*) que são, até hoje — com algumas adaptações pontuais, por fidelidade irrestrita à Igreja —, conservados. Por volta do ano de 1145,

---

[1] Seguimos aqui: http://www.chartreux.org/pt/monjas/apresentacao.php, acesso em: 10/03/2021.

as monjas de Prebayón, em Provença (sul de França), abraçaram espontaneamente o modo de vida cartusiano. Respondendo à sua petição, Santo Antelmo, com a ajuda do Beato João de Espanha, então prior de Montrieux, deu-lhes os "Costumes" cartusianos. Eis a origem do ramo feminino da Ordem.

Lê-se, na fonte citada para este tópico, que entre "as diferentes famílias religiosas consagradas à vida contemplativa, o traço característico das monjas cartuxas é a vida de solidão na cela[2], em cujo marco concreto, encontra-se expressa a sua vida. Num mosteiro cartuxo, que deve estar suficientemente afastado de toda moradia humana, cada monja vive numa 'cela', que compreende um eremitério e um jardim. Nesse eremitério, a ausência de todo ruído convida à interioridade e à solidão numa vida de íntima união com Deus, escutando a sua Palavra. A maior parte da vida da monja cartuxa decorre na referida cela, lugar habitual de suas ocupações diárias: oração litúrgica e pessoal, *lectio divina*, trabalho, refeição, descanso".

Mais: "à meia-noite, as monjas se reúnem na igreja para celebrar o Ofício de Matinas e Laudes. Essas longas horas de oração noturna são propícias à contemplação, na espera vigilante da volta do Senhor (cf. Lc 12,35-40) e na súplica pela vinda do Reino. Ao final do dia, as monjas se reúnem de novo, na igreja, para cantar os louvores da tarde (Vésperas) que convidam ao recolhimento e repouso espiritual".

"A Missa conventual é cantada a cada dia. O sacrifício eucarístico é o centro e cume da vida cartusiana, viático espiritual de nosso Êxodo, que, no deserto de nossa vida solitária nos conduz por Cristo ao Pai. Os outros Ofícios são celebrados na solidão da cela. Ao toque do sino, orando todas ao mesmo tempo, toda a Casa se converte num louvor à glória de Deus. Enquanto celebram o Ofício divino, as monjas se transformam na voz e no coração da própria Igreja, que, por meio delas, oferece a Deus

---

2 Aposento de um (a) monge/monja.

Pai, em Cristo, um culto de adoração, louvor e súplica, e pede humildemente perdão em nome de todo o Povo de Deus".

"A monja tende a oferecer a Deus um culto incessante. Em sua vida, a oração litúrgica e a solitária se completam harmoniosamente. A meditação assídua da Sagrada Escritura, os tempos de intensa oração pessoal e o estudo criam nela uma disposição de amorosa escuta que, introduzindo-a pouco a pouco no profundo de seu coração pela graça do Espírito, poderá já não só servir a Deus, senão também unir-se e aderir a Ele. A liturgia cartusiana está marcada pela vocação eremítica. Nosso canto gregoriano, que fomenta a interioridade e a sobriedade do espírito, é parte tradicional e sólida do patrimônio da Ordem conservada desde a sua origem. Os textos e rubricas dessa liturgia foram revisados segundo as orientações do Concílio Vaticano II".

"Desde as suas origens, nossa Ordem, como um corpo cujos membros não têm todos a mesma função, encontra a sua unidade em diversas formas de vida complementares entre si. A vocação das *monjas do claustro* está caracterizada principalmente pela busca de Deus no silêncio e na solidão da cela. As *monjas conversas*, por sua vez, associam ao silêncio e à solidão de sua vocação uma participação mais ativa nos trabalhos a serviço da comunidade. Mas, tanto umas como outras são monjas e participam da mesma vocação contemplativa e solitária, ainda que num marco diferente segundo a diversidade do chamado divino e das aspirações e aptidões pessoais".

"As monjas do claustro executam, na cela, diversos trabalhos manuais (costura, encadernação, trabalhos humildes, datilografia, pintura de ícones, tecido artesanal etc.). As monjas conversas, proveem às diversas ocupações próprias à caminhada da casa (cozinha, limpezas etc.); embora, às vezes, devam ajudar-se mutuamente, normalmente trabalham a sós. Além disso, as monjas conversas podem, a cada dia, reservar um tempo na cela para ocupações semelhantes às que realizam as monjas do claustro".

"Para todas, trabalhar unidas a Jesus, como ele o fez oculto em Nazaré, é uma obra contemplativa. A união à vontade de Deus Pai executando os trabalhos assinalados pela obediência, para o bem da comunidade, é o alimento inesgotável de quem está faminta de Deus. Em contrapartida, a participação do corpo facilita a oração como diálogo singelo e incessante com o divino Hóspede do nosso coração. Os trabalhos rudes ou pesados convidam, pois, a monja a unir-se intimamente à paixão de Cristo, nosso Salvador". Ainda, além das monjas de claustro e das conversas, existem as *donatas*. Sim, "juntaram-se à solidão da Cartuxa para consagrar toda a sua vida ao Senhor, mas sem fazer votos e de uma maneira adaptada às necessidades de cada uma. A donata torna-se membro da Ordem por um compromisso chamado doação. Após cinco anos de doação temporária, pode fazer uma doação perpétua, ou preferir renovar a sua doação a cada três anos".

"'*Quanta utilidade e gozo divino trazem consigo a solidão e o silêncio do deserto a quem os ame, só o conhecem aqueles que o experimentaram*' (São Bruno. *Carta a Raul,* 6). Mas a monja cartuxa não escolheu 'a melhor parte' (cf. Lc 10,42)[3] só para seu proveito pessoal e exclusivo. Ao abraçar a vida oculta, não abandonamos a família humana; ao contrário, consagrando-nos só a Deus, cumprimos uma missão na Igreja em nome de todos e por todos. Nossa união com o Senhor, se é autêntica, dilata o coração e nos capacita para abarcar nele os afãs e os problemas do mundo".

"Se as monjas cartuxas escolheram a solidão, na qual voluntariamente se impõem tais limitações, é com o único fim de estar mais abertas ao absoluto de Deus e à caridade de Cristo, mantendo-se vigilantes para fugir a todo egoísmo e vivendo com grande simplicidade. Então, a Palavra de Deus preencherá

---

3 Importa recordar, aqui, que o Papa São Paulo VI dirigiu, em 18 de abril de 1971, uma Carta a Dom André Poisson, prior de Chartreuse e ministro geral da Ordem, cujo título soa *Optimam partem* (A melhor parte).

o seu silêncio. Mediante o desprendimento das coisas e o trabalho, serão solidárias com todos os que sofrem, onde quer que estejam e no coração da humanidade; embora ocultas ao mundo, serão a recordação inextinguível de sua origem divina, a constante evocação do destino espiritual de todo homem, que vive da mesma Vida de Deus".

"'No silêncio e solidão, mediante a escuta da Palavra de Deus, a prática do culto divino, a oração, a mortificação e a comunhão no amor fraterno, os contemplativos orientem toda a sua vida e atividades para a contemplação de Deus. Desse modo, oferecem à comunidade eclesial uma prova única do amor da Igreja a seu Senhor e contribuem com uma misteriosa fecundidade apostólica, para o crescimento do povo de Deus' (*Vita Consecrata*, 8)".

Essas mulheres consagradas são livres para se entregar a Deus e viver só para Ele, conforme lemos na fonte por nós aqui seguida: "A vida na Cartuxa tem um caráter de absoluto: Só Deus, para sempre".

"A sua exigência é infinita, mas é uma exigência de amor: fazer profissão de fidelidade, de seguir a Cristo até à morte, viver sempre unida a Ele. A monja cartuxa foi escolhida por Deus. Ela escolheu Deus, escolheu tudo e a sua escolha é irrevogável. Encarna esta decisão de não voltar atrás no momento de pronunciar os seus votos de conversão de costumes, de estabilidade e de obediência. Seduzida pelo amor de Cristo, deu-se a Ele. Tornou-se livre, na esperança de amá-Lo até o extremo, a Ele e aos seus que estão no mundo; amar como Ele amou, e a partir do seu amor".

Para ser monja cartuxa — assim como em outros Institutos — requer-se formação adequada a fim de se responder bem ao chamado de Deus. Há, além da fase de discernimento, o postulantado, o noviciado e a profissão simples. Vejamos, de modo muito sintético, como se dá tudo isso.

A jovem que se sente chamada à vida cartusiana entra em contato com uma Cartuxa feminina. De acordo com o caso, é convidada a passar algum tempo na hospedaria. "Se, durante a sua estada na hospedaria, sente uma harmonia entre o chamado do Senhor recebido no seu coração e aquilo que começa a perceber da nossa vida, permitimos-lhe eventualmente compartilhar da nossa existência durante uma dezena de dias ou fazer uma experiência mais longa chamada de postulantado". Pois bem, "o postulantado dura de seis meses a um ano. Permite familiarizar-se mais com os nossos costumes. O postulantado não enfrenta imediatamente toda a austeridade da nossa vida, mas apenas gradualmente, de acordo com as possibilidades de cada uma. Continua a refletir perante Deus o seu chamado". Vem, em seguida, o noviciado, tempo em que se recebe o hábito da Cartuxa e é marcado pela imersão no carisma da Ordem. "Um encontro de uma meia hora por semana é consagrado à formação monástica, encontro mais destinado a transmitir a tradição viva da espiritualidade cartusiana do que a dar um ensino teórico. [...] As noviças leem também os principais autores cartusianos e estudam as suas fontes no monaquismo do Oriente e do Ocidente. Os nossos pais na vida cartusiana inspiraram-se nos antigos monges que, a partir do terceiro século, se retiraram para os desertos, principalmente do Egito e da Palestina: monaquismo primitivo oriental, especialmente centrado na solidão e na pureza de coração".

Terminada essa fase, vem a chamada profissão simples com os votos "de estabilidade, obediência e conversão. A monja o promete por três anos. Após esta etapa, poderá renovar esses votos ainda por dois anos. Se foi Jesus quem fez nascer a sua vocação, Ele levará a bom termo a obra começada: ou seja, ao compromisso definitivo, à profissão solene". [...] Após a profissão solene ou a doação perpétua, as monjas podem receber a consagração virginal. É um rito solene pelo qual a Igreja estabelece a virgem num estado de pertença a Deus. As monjas cartuxas guardam-no como um sinal concreto do apelo que o Senhor dirige à Ordem cartusiana de levar uma vida inteiramente consagrada à Ele. A oferenda que a monja faz a Deus da sua virgindade no decurso da consagração, pede uma efusão particular do Espírito Santo. A virgindade pelo Reino é um dom do Senhor: na sua dimensão profunda, é pureza de um coração totalmente orientado para o seu Deus. Jesus, no seu amor redentor, virginiza a sua esposa e a todas concede o dom de um coração puro".

Estes breves dados serão detalhados, em seis pontos, no próximo capítulo, à luz de um texto elaborado para fins vocacionais pelas próprias monjas cartuxas.

## *A alegria de ser monja cartuxa* [4]

Mestre onde moras? Vinde e vede.

Jesus lhes disse: "Que estais procurando?" Responderam-lhe: "Mestre, onde moras?" Disse-lhes: "Vinde e vede". Então, eles foram e viram onde morava e permaneceram com ele aquele dia (Jo 1,38-39).

Talvez, você também esteja procurando Jesus
e queira encontrá-lo.
Ele está nas encruzilhadas dos caminhos.
Está lhe convidando a segui-lo.
Se você o escuta, verá onde mora, onde ele quer que você permaneça com ele.
Se ficamos de olhos abertos e nos preparamos para acolhê-lo, o Senhor, certamente, nos ilumina. Ele convidou as monjas cartuxas a segui-lo no deserto. *"Jesus foi conduzido pelo Espírito para o deserto"* (Mt 4,1).

---

[4] http://www.vocatiochartreux.org/A_ALEGRIA_DE_SER_MONJA_CARTUXA.html, acesso em: 24/06/2021. Apenas fizemos brevíssimas correções do português.

No "deserto" dessas monjas, não há areia nem oásis. É o deserto de uma solidão monástica, um lugar de silêncio onde — com os irmãos do mundo no coração — elas estão escondidas em Deus. Cristo as faz participar da sua morte e ressurreição. Ele atrai para a descoberta de seu amor e de sua alegria todos aqueles que se fazem disponíveis para ele.

Se você não conhece o caminho que o Senhor deseja vê-la tomar, talvez queira refletir com Ele sobre alguma eventual pista... Por isso, da nossa parte, propomos a você, a título de documentação e sob forma de diálogo, entrar um pouco na vida das monjas cartuxas.

Talvez, você possa encontrar um pouco de luz para direcionar a sua vida a certos valores que nunca estarão ultrapassados e possa descobrir neles a paz e a alegria que o mundo não pode lhe dar.

## 1. *A vocação*

*Quando uma jovem aspira entrar na Cartuxa...*
Normalmente nos escreve.

*A quem?*
De preferência, à Madre Priora.

*Quem lhe responde?*
A Mestra de noviças, que lhe envia uma carta e um opúsculo informativo e a convida a iniciar o discernimento com o envio de um breve "curriculum vitae" da aspirante.

*E depois?*
Se persiste em seu propósito, e se, a partir do caminho percorrido, se pode pensar em uma vocação autêntica, a aspirante é convidada a passar uns dias na Cartuxa.

*Como passará esses dias?*
Para que a experiência seja válida, a aspirante vive com a comunidade, seguindo os mesmos horários.

*Essa experiência esclarece alguma coisa?*
Depois de vários dias, a aspirante terá uma ideia bastante aproximativa da vida que deseja abraçar.

*Quem se ocupa dela durante esses dias?*
A Mestra de noviças a visita com frequência, e com ela a aspirante, em uma relação de confiança, fala sobre a vocação e tudo o que está relacionado a esta.

*Qual é, precisamente, a finalidade desse diálogo?*
Aprofundar a espiritualidade cartusiana para ajudar a aspirante a discernir a sua vocação.

*Que motivações não seriam válidas para ser monja cartuxa?*
As desilusões da vida, o desejo de uma vida tranquila, sem problemas, em geral qualquer motivo egoístico. O único motivo válido é a busca dos valores que não passam, a busca, mais ou menos claramente percebida (ou ao menos pressentida), de Deus. Procuramos analisar a vocação com o máximo de discrição e paciência.

*Com que idade se pode entrar na Cartuxa?*
A idade mínima de admissão é de 20 anos, mas é aconselhável esperar até os 23 ou 24 para adquirir uma certa maturidade humana.

*Até que idade?*
Sem a autorização especial do Capítulo Geral ou do Reverendo Padre, que é o Superior Geral da Ordem, não se pode receber ninguém que já tenha completado os 35.

*E a autorização é concedida?*
Se a idade não supera muito os 35 anos pode ser concedida, mas com essa idade a adaptação às observâncias da Cartuxa pode ser mais difícil.

*O que a Cartuxa exige quanto à saúde?*
Antes da admissão, nossos Estatutos aconselham "consultar médicos prudentes que conheçam bem o nosso gênero de vida". Pequenos desequilíbrios psíquicos, que em outro lugar passariam quase despercebidos, encontram na solidão da Cartuxa uma caixa de ressonância que, aqui, impediriam de viver uma vida normal. Hoje, os exames médicos são obrigatórios antes do Noviciado e da Profissão.

*Quanto ao caráter, o que se exige?*
A vocação à solidão da Cartuxa exige uma vontade determinada e um juízo equilibrado.

*Então nem todos os caráteres têm as mesmas aptidões?*
Alguns se veem mais favorecidos no plano natural, mas o que, realmente, conta é o chamado de Deus.

*Sintetizando, qual é a qualidade essencial que se requer para ingressar na Cartuxa?*
Um ardente desejo de Deus como Absoluto e estar disposta a realizar esse desejo na fé.

*Nesse caminho, qual é a missão da Mestra de noviças?*
Acompanhar a noviça em sua formação e ajudá-la em suas dificuldades e nas "tentações que costumam assaltar os discípulos de Cristo no deserto".

*Na Cartuxa há algum método específico de oração?*
Normalmente a noviça cartuxa começa sua aprendizagem nos caminhos da oração através da "lectio divina". Este método

de oração tradicional na vida monástica consiste em ler, pausadamente, uma passagem da Sagrada Escritura e "ruminá-la" lentamente. Depois, em silêncio, pode-se servir de sentimentos de agradecimento, de louvor, de contrição que tal texto fez surgir dentro de nós para transformá-lo numa oração ao Senhor. Quando esse texto já não nos diz nada de especial, ou quando sobrevêm as distrações, volta-se a ler uma outra passagem, deixando-a descer, lentamente, ao coração. Este método de oração é muito simples e reduz, notavelmente, as distrações. Todo o ambiente da Cartuxa faz com que a monja se deixe possuir pela oração. Certamente, requer um tempo e uma aprendizagem que dependem muito da graça pessoal e das inclinações de cada uma. Mas isso penetra na noviça de modo natural, porque ela vive, habitualmente, na presença de Deus, graças ao contato contínuo e orante com a Sua Palavra no Ofício Divino e nos momentos dedicados à *lectio divina*.

*Vocês dão muita importância à formação na vida de oração?*
Não poderia ser diferente; a relação com Deus está no centro da nossa vocação. É importante que a oração da noviça tenda a transformar-se num olhar singelo e amoroso ao Senhor, ainda que sejam só os primeiros graus dessa oração de "simples olhar" ou "quietude".

*Não é exigir demais de uma simples noviça?*
Se a noviça recebe a graça da experiência contemplativa, por mais simples e curta que seja, já estará preparada para superar os momentos de desânimo ou de aridez e as crises que não costumam faltar, principalmente no tempo de noviciado. A jovem monja vai se livrando, pouco a pouco, da tirania dos sentimentos e das paixões, do forte reclame do mundo sensível, do qual, sinceramente, se despediu ao entrar na Cartuxa, mas que continua ali, agarrado em seu íntimo. Assim, vai superando aos poucos a dispersão dos sentidos, a superficialidade, a inconstância, e

toda a sua vida vai sendo penetrada, quase imperceptivelmente, da proximidade de Deus. Permanecendo com todo o seu ser no recolhimento e no silêncio interior que invadem o seu espírito, lhe são quase conaturais os sentimentos de adoração, de gratidão e de alegria espiritual. Se faltasse esse pilar da oração contemplativa, a vocação estaria sempre exposta ao desânimo, aos vai-e-vens dos sentimentos mutáveis, ao cansaço, à aridez e à falta de gosto pelas coisas espirituais: muitas vezes, são essas as causas que estão na raiz da maioria dos casos de abandono da vida monástica.

## 2. *As etapas do caminho*

### A. *O Postulantado*

*Suponhamos que uma aspirante a monja cartuxa tenha dado sinais de autêntica vocação, no parecer das Superioras da Cartuxa. O que se faz?*
Recebe-se a jovem como postulante.

*O que é o Postulantado?*
É o período de prova que prepara para o Noviciado.

*Quanto tempo dura?*
De seis meses a um ano.

*Que tipo de vida leva a postulante?*
Uma vida muito parecida com a das monjas.

*Exatamente igual?*
São-lhe concedidas certas dispensas para que a sua adaptação à nossa vida seja gradual.

*Como se veste?*
Como secular, mas nos atos comunitários usa um véu e um manto preto.

*Existe alguma cerimônia especial com qual se inicia o Postulantado?*
Sim, mas muito simples. A Mestra de noviças impõe-lhe o manto e o véu, como sinal de separação do mundo e entrada na Comunidade.

*No que a postulante ocupa o tempo?*
Nos momentos não consagrados à oração e ao trabalho, ela inicia a sua formação no espírito da Cartuxa. Também aprende as cerimônias litúrgicas. Há também momentos de distensão, pois "o arco sempre tenso perde a força e torna-se menos apto para o seu ofício".

*E estuda latim?*
Sim, pouco a pouco estuda o suficiente para poder seguir os livros litúrgicos.

## B. O Noviciado

*Suponhamos que durante esses meses de postulantado a candidata tenha se comportado de modo satisfatório...*
Se a Comunidade lhe dá voto favorável, é admitida para o Noviciado.

*Quanto dura o Noviciado?*
Dois anos.

*O que faz a noviça durante esse tempo?*
Ela se forma na vida espiritual aplicando-se ao estudo da liturgia e das observâncias cartusianas. Aprende a trabalhar no recolhimento e inicia um ciclo de estudos destinados a completar a sua formação doutrinal e monástica.

*E onde cursa esses estudos?*
Devido à vocação eremítica da Cartuxa, esses estudos têm lugar na solidão da cela.

*Mas como?*
Em intervalos regulares as noviças prestam contas de seus estudos e pedem as explicações necessárias à monja encarregada de orientá-las e de resolver as dificuldades que possam ter encontrado. Também se pode recorrer a cursos bíblicos ou teológicos por correspondência.

*Como as noviças se vestem?*
Portam um hábito igual ao das monjas que já fizeram profissão, mas a cogula é curta e sem as faixas laterais. O véu que usam é branco.

*O que é uma "cogula"?*
É um vestígio das capas dos antigos pastores da Cartuxa. É composta por dois panos unidos por duas faixas laterais.

### C. A Profissão temporária

*Passados os dois anos, a Comunidade deu seu voto favorável. O que acontece depois?*
A noviça é aceita para a Profissão temporária.

*Por que "temporária"?*
Porque ela emite os votos de estabilidade, obediência e conversão de costumes por três anos somente.

*Quais são os efeitos da Profissão temporária?*
A "jovem professa" é definitivamente inscrita nos registros da Cartuxa onde emitiu os votos. Os anos de antiguidade na Ordem passam a contar a partir dessa primeira Profissão.

*E o Noviciado acabou?*
A jovem professa continua a ser membro do Noviciado. A Mestra de noviças continua a acompanhá-la no caminho da sua formação humana e espiritual. No curso desses três anos, aprofunda a formação espiritual e monástica iniciada no noviciado.

*Passados os três anos...*
A jovem professa renova os votos por mais dois anos. Vive com as professas de votos solenes, experimentando, assim, plenamente, a vida que pensa abraçar definitivamente.

*Continua estudando?*
No último ano habitualmente interrompe os estudos para dedicar-se mais plenamente à oração e à solidão da cela.

### D. *A Profissão solene*

*Já se passaram oito anos de provas...*
Enfim chegou a tão desejada hora da consagração definitiva.

*Dia importante para uma cartuxa?*
Sim, claro. É o acontecimento no qual a Igreja ratifica o chamado de Deus, aceitando o dom total que a jovem professa faz de si mesma ao Senhor.

*A que ela se compromete?*
A viver para sempre e exclusivamente para o louvor de Deus. A Profissão solene é fruto de uma longa corrente de graças às quais a candidata correspondeu generosamente com a sua fidelidade diária.

*O que acontece depois da Profissão solene?*
Sob certos aspectos, esta é mais um começo. A monja cartuxa em um ato sublime se consagrou a Deus. Agora tem de viver essa consagração dia a dia.

*Que sentimentos preenchem a alma de uma monja cartuxa no dia de sua Profissão solene?*
Acho que os mesmos que, com acento lírico, expressou nosso Pai São Bruno na carta aos Irmãos de Chartreuse: "Alegrai-vos, pois, meus caríssimos irmãos, por vossa feliz sorte e pela abundância de graças que Deus derramou sobre vós. Alegrai-vos por terdes escapado dos muitos perigos e naufrágios do tempestuoso mar do mundo. Alegrai-vos por terdes alcançado o refúgio tranquilo e seguro do porto mais escondido. Muitos gostariam de alcançá-lo, muitos até se esforçam para chegar até ele, sem o conseguir. E muitos outros, depois de tê-lo alcançado, dele são excluídos, porque a nenhum deles se lhes havia concedido do alto. Portanto, meus irmãos, tende por certo de que, quem tiver desfrutado de tão grande bem e por um motivo ou outro o perde, lastimar-se-á por toda a vida".

*E o que é a Consagração virginal?*
Depois da Profissão solene, as monjas que desejam podem receber a Consagração virginal. O rito da Consagração virginal com o seu aspecto nupcial, estabelece a monja em um dom de pertencer totalmente a Deus.

## 3. Monjas do claustro e monjas conversas

*Até agora falamos de postulantes, noviças e professas em geral, mas é verdade que existem diferentes formas de viver o carisma cartusiano?*
Sim, claro. Quando São Bruno se retirou no deserto de Chartreuse com outros seis companheiros, quatro deles viviam sem-

pre na cela, enquanto os outros dois se ocupavam principalmente de trabalhos fora da cela. Foram estes os primeiros "Irmãos conversos" da Ordem. Da mesma forma, dentre as monjas, existem modos diferentes de consagrar a vida a Deus na solidão da Cartuxa. As monjas do claustro vivem em seus ermos a maior parte do dia, rezando, estudando, trabalhando. As monjas conversas, levando uma vida de autêntica solidão, além do tempo dedicado à oração e ao estudo, empregam uma parte do dia em trabalhos do mosteiro, fora de seus ermos. As monjas do claustro e as monjas conversas compartilham, sob formas complementares, a responsabilidade da missão que incumbe às comunidades cartusianas: fazer com que exista no seio da Igreja uma família de solitários.

*Existem ainda outras diferenças entre monja conversa e monja do claustro?*

Não, porque depois do Concílio Vaticano II foram suprimidas todas as diferenças que não fazem parte da essência da vocação, que é a mesma para todas. De fato, hoje a formação que recebem é igual para todas.

*Em que consiste o trabalho na Cartuxa?*

Antes de tudo, é bom sublinhar que o trabalho das monjas é um trabalho monástico. Elas não são empregadas cuja principal razão de ser é a de fazer funcionar o mosteiro. Quando dizemos que o trabalho delas é um trabalho monástico queremos dizer que se trata de um ato religioso que as ajuda a progredir na prática das virtudes e que as aproxima de Deus.

*Como conseguem, em pleno trabalho, conservar o espírito de oração e de solidão?*

Os Estatutos da Ordem aconselham a recorrer, durante o trabalho, a breves impulsos em direção a Deus (chamados "orações jaculatórias"). Pode-se também interromper o trabalho para um breve momento de oração.

*Que trabalhos não são permitidos na Cartuxa?*
Aqueles alheios à vida monástica.

*Por exemplo?*
Os que exijam sair do Mosteiro.

*É importante conservar o silêncio durante o trabalho?*
Sim. É muito importante guardar sempre o silêncio. Nossos Estatutos dizem: "Só o recolhimento espiritual durante o trabalho conduzirá a monja à contemplação".

*Que lugar ocupa o trabalho na vida da monja do claustro?*
Diariamente se dedica a uma ocupação útil às necessidades da comunidade: costura, lavanderia, sacristia, encadernação, secretariado, e todo o tipo de trabalhos realizados na cela, cuidando de manter a liberdade de espírito e o silêncio interior.

## 4. Os aspectos mais característicos da espiritualidade cartusiana

### A. Deus só

*Diferentemente das ordens religiosas de vida apostólica, que se dedicam à pregação, ao ensino, ao cuidado dos enfermos etc., a que se dedica a Ordem Cartuxa?*
Nossa missão na Igreja é o que tradicionalmente se chama de "vida contemplativa".

*O que é, então, a vida contemplativa para uma cartuxa?*
Um mistério que se aproxima do mistério de Deus, de cuja grandeza e incompreensibilidade ela participa de certa forma. Mais além do cuidado pelas coisas do mundo; mais além, inclusive, de todo ideal humano e da própria perfeição, a monja car-

tuxa busca a Deus. Ela vive só para Deus, dedicada de corpo e alma a louvar a Deus. Este é o segredo da vida puramente contemplativa: viver só para Deus, não desejar mais que a Deus, não querer saber de outra coisa senão de Deus e não possuir mais que a Deus, deixando que Ele dilate o nosso coração até que este possa abraçar o mundo inteiro. Aquele que reconhece a Deus como o Bem supremo, compreenderá o valor dessa vida de consagração radical que é a vida da monja cartuxa.

*É um lindo ideal.*
É, mas esse lindo ideal exige um clima adequado para acontecer.

*E qual é o clima adequado?*
Os nossos usos e observâncias criam esse clima e revelam, assim, o seu sentido. Consideradas isoladamente, sem relação com o seu fim, seriam incompreensíveis e não passariam de um monte de práticas estranhas.

*Vejamos...*

## B. A solidão e o silêncio

*Qual é a palavra que mais se repete na Cartuxa?*
Se alguém se desse ao trabalho de buscar o vocábulo mais repetido nas páginas dos nossos Estatutos, seriam, certamente, as palavras "solidão" e "silêncio".

*Sua espiritualidade tem algum slogan?*
A espiritualidade cartusiana é a espiritualidade do deserto.

*É uma tradição?*
Assim afirmam nossos Estatutos quando dizem: "Os fundadores de nossa Ordem seguiam uma luz vinda do Oriente, a dos antigos monges que, consagrados à solidão e à pobreza de espí-

rito, povoaram os desertos numa época em que a lembrança ainda viva do sangue derramado pelo Senhor ardia em seus corações".

*É uma espiritualidade que lhes é própria, ou tem fundamentos em outro lugar?*
Na Sagrada Escritura e na tradição da Igreja.

*Apesar de reconhecer que a solidão é somente um meio, vocês lhe tributam um verdadeiro culto. Por quê?*
Porque, como dizem muito bem os nossos Estatutos, citando Dom Guigo, o quarto sucessor de São Bruno no eremitério de Chartreuse, a solidão é o meio mais apto para a união com Deus: "Não poderíamos ignorar um mistério que antes de mais nada devemos imitar: foi Ele mesmo, o Senhor e Salvador da humanidade, que se dignou oferecer-nos, em sua pessoa, o primeiro modelo vivo da nossa Ordem quando, sozinho no deserto, se aplicava à oração e aos exercícios da vida interior [...], o gosto pela salmodia, a aplicação à leitura, o fervor da oração, a profundidade da meditação, a elevação da contemplação e o dom das lágrimas, não podem encontrar ajuda mais poderosa do que na solidão".

*Então essa importância que a Cartuxa dá à solidão tem alguma repercussão na estrutura jurídica da Ordem?*
Toda a legislação da Cartuxa tende a conservar e favorecer essa solidão e esse silêncio, que são os traços mais marcantes da espiritualidade do deserto e da espiritualidade cartusiana.

*Pode me indicar alguns aspectos de seus Estatutos sobre a vida de solidão da monja cartuxa?*
Os Estatutos proíbem à monja cartuxa, por exemplo, qualquer atividade de tipo apostólico, seja em nível de contatos pessoais, seja por escrito, como a publicação de livros, acompanhamento espiritual por correspondência, coisas em si excelentes, mas que não estão na linha da vocação eremítica.

*Tanta rigidez não poderia assustar a Igreja contemporânea?*
Ao contrário, isto é precisamente o que a Igreja pede à Cartuxa hoje. O Concílio Vaticano II disse claramente que o dever dos contemplativos é "ocupar-se só de Deus na solidão e no silêncio... por mais urgente que seja a necessidade de apostolado ativo" (*Perfectae Caritatis*, 7). Talvez, seja "silêncio" a palavra de que mais necessita o mundo hoje.

*Vocês, monjas cartuxas, defendem a vocação contemplativa com a solidão, mas como conseguem se livrar da invasão dos meios de comunicação social?*
Para evitar esse perigo, na Cartuxa renunciamos ao rádio, à televisão, e os Estatutos recomendam prudência com as leituras profanas.

*Então vocês vivem alheias ao mundo de hoje?*
Nossos Estatutos nos falam da necessidade de "viver alheias aos barulhos do século" como algo fundamental para a vida solitária. Mas cabe à Priora o cuidado de transmitir às monjas as notícias que não seria bom que ignorassem, para que a comunidade possa apresentar ao Senhor as necessidades de todos os homens.

*Essa observância dura e peremptória não corre o risco de alterar o ideal espiritual da Cartuxa?*
Toda a nossa legislação sobre o silêncio e a solidão constitui a letra de nossas observâncias. Nelas se reflete o clima propício para a nossa vocação eremítica, mas sabemos muito bem que isso não é tudo e nem o principal.

*Em uma palavra, o que é o essencial para uma monja cartuxa?*
Que se enamore de Deus até transformar a solidão no lugar privilegiado onde viver o encontro e a intimidade com o Senhor.

*A cartuxa que é fiel a esses princípios é feliz?*
Sim, porque a monja que é fiel à sua vocação compreende que Deus a chama a encontrá-lo na solidão e no silêncio, situados cada vez mais profundamente no espírito.

### C. O repouso espiritual

*Solidão e silêncio cada vez mais profundos?*
Isso mesmo, a solidão exterior cria o ambiente propício, necessário para que se possa desenvolver uma solidão mais perfeita, a solidão interior.

*Em que consiste a solidão interior?*
Em um processo espiritual pelo qual a memória, o entendimento e a vontade vão perdendo o interesse e o gosto pelas coisas passageiras. Por sua vez, Deus começa a ser percebido como o único que pode saciar as profundas aspirações do espírito. Só quando a cartuxa descobre, admirada, que, enfim, é só Deus que a preenche, começa a ser uma autêntica "monja" contemplativa. Esta descoberta produz uma sensação de liberdade e gozo interior que é difícil expressar com palavras.

*Esta experiência é algo típico e exclusivo da Cartuxa?*
Não; trata-se de um processo espiritual já descrito pelos antigos monges e monjas do deserto que iniciaram a vida eremítica ou cenobítica no Egito e na Palestina: Antão, Pacômio, Eutímia, Evágrio, Hilário e tantos outros.

*Como vocês, cartuxos, o concretizam?*
Acho que todo esse processo espiritual poderia ser resumido em uma palavra muito cara a nosso pai São Bruno e aos primeiros cartuxos: "quies", isto é, o repouso espiritual.

*Se entendo bem, isso significa que todo o ambiente da Cartuxa tende a isso?*
A um clima de solidão e silêncio que elimina o barulho perturbador dos desejos e as imagens terrenas. Trata-se de uma atenção tranquila e sossegada da mente em Deus, favorecida pela oração e pela leitura pausada. Chega-se, assim, a essa "quies", ou "repouso" da alma em Deus. Esse repouso divinizado, simples e gozoso faz com que a monja toque, de alguma forma, a beleza da vida eterna.

### D. Fidelidade à Cruz

*Vocês têm a fama de serem muito penitentes.*
Sobre o tema das penitências da Cartuxa, como sobre tantos outros, existem as ideias mais estranhas. Para nós as penitências são simples "meios para aliviar o peso da carne para poder seguir o Senhor mais prontamente", como dizem os nossos Estatutos.

*Mas vocês sabem que hoje em dia a penitência individual não é considerada um meio infalível... Vivemos em um tempo de compreensão e diálogo.*
É, nos dias de hoje, a penitência e, em geral, tudo o que supõe sacrifício e abnegação, é malvisto; costuma-se falar disso com notável inconsciência. Mas todo mundo acha razoável que um esportista se prive de muitas coisas boas e submeta o seu corpo a duros treinamentos.

*Vocês, monjas cartuxas, desejam viver segundo o "homem novo" da Sagrada Escritura. Pode me dizer precisamente quais são as penitências básicas?*
A separação do mundo, da família, dos amigos, a falta de notícias e de passatempos... São privações que talvez custem mais às noviças. Tem também o sono dividido em dois tempos, a simplicidade no vestir, a frugalidade na alimentação...

*O que vocês comem?*
Nós nunca comemos carne. O café da manhã consiste em uma bebida quente e pão. Ao meio-dia temos um almoço à base de massas ou arroz, hortaliças, legumes, peixe ou ovos, queijo e frutas. No fim da tarde, fora os dias de jejum, o jantar é sopa, um ovo, queijo e frutas.

*Os dias de jejum?*
Os jejuns começam no dia 15 de setembro e duram até a Páscoa. Nesse período, o jantar se reduz a uma sopa ou salada, pão e frutas.

*Na sexta-feira vocês têm um regime especial?*
Geralmente, na sexta-feira observamos a abstinência. Nesse dia não comemos ovos, nem peixe, nem lacticínios. Na Sexta-Feira Santa e na Quarta-Feira de Cinzas, fazemos jejum a pão e água.

*As aspirantes e as noviças são obrigadas a seguir todas essas práticas de jejum?*
A adaptação ao nosso gênero de vida requer tempo e prudência. Por isso, as aspirantes e as noviças se iniciam progressivamente em nossos usos e costumes, sob o controle e a vigilância da Mestra de noviças, que as aconselha.

*E as doentes?*
Os nossos Estatutos dizem: "Se em alguma circunstância ou com o passar do tempo uma monja percebesse que alguma de nossas observâncias supera as suas forças e, em vez de impulsioná-la, a atrapalha no seguimento de Cristo, então, com confiança filial, trate do assunto com a sua Priora e com ela decida a medida oportuna para si, ao menos temporariamente".

*É permitido fumar?*
Pelo espírito de abnegação e pobreza, escolhemos renunciar ao tabaco.

*Resumindo...*
São esses os aspectos mais marcantes da ascese cartusiana. A Ordem os julga suficientes e, com um grande senso de prudência, ordena formalmente que "ninguém se entregue a práticas de penitência fora dos indicados nos Estatutos sem o conhecimento e a aprovação da parte de sua Priora". A Cartuxa herdou de São Bruno a sua moderação e seu equilíbrio. Em sua carta ao amigo Raul, ele descreve com entusiasmo a amenidade das paisagens da Calábria e, se seu amigo se admira dessas expansões menos espirituais, explica: "a nossa frágil mente, fatigada por uma austera disciplina e pela aplicação aos exercícios espirituais, muitas vezes com essas coisas encontra alívio e readquire vigor. Na verdade, o arco sempre tenso perde a força e torna-se menos apto para o seu ofício".

*Para concluir este tema, quais são os principais traços do espírito cartusiano?*

A união com Deus, tender à oração contínua na solidão e no silêncio, a "quies" (repouso contemplativo), a simplicidade de vida, a austeridade: estes são os traços principais do espírito cartusiano, que coincidem com as linhas mestras da espiritualidade do deserto.

## 5. As peculiaridades da Cartuxa

### A. A monja cartuxa, uma eremita integrada em uma família monástica.

*De tudo o que falamos até agora, posso perceber que o que é mais característico na vida cartusiana é viver na solidão e no silêncio uma verdadeira comunhão de solitários para Deus. Eu li em algum lugar que dentre todas as Ordens monásticas, pelo menos no Ocidente, vocês são a que vive a vida eremítica mais puramente.*

É provável. Esse é o traço marcante da nossa identidade e o nosso carisma específico.

*Mas esse carisma de solidão não corre o risco de talvez obscurecer aspectos importantes e evangélicos como o amor e o serviço ao próximo? São Basílio, o pai do monaquismo oriental, dizia: "Como posso lavar os pés dos meus irmãos se vivo trancado em um ermo?"*

Tudo bem, mas não podemos esquecer de que, na Igreja, como dizia São Paulo, os membros não têm todos a mesma função. "A vida das monjas cartuxas é consagrada ao louvor de Deus e à oração de intercessão por todos os homens".

*E daí?*

Daí que, embora o nosso carisma específico não preveja a assistência dos enfermos, nem a publicação de livros, nem o ensino, a Cartuxa não é uma instituição puramente eremítica; a vida solitária é equilibrada por uma parte importante de vida comunitária que também é parte essencial do nosso carisma.

*Ah, é?*

É. E isso desde o começo da Ordem. Apesar da forte atração que São Bruno tinha pelo deserto, é certo que ele não foi um solitário do estilo tradicional, como os eremitas Paulo, Antão e Bento o foram: estes iniciaram a vida monástica vivendo completamente sozinhos no deserto. E São Bruno? Nunca esteve sozinho, pois o acompanhava sempre um grupo de amigos que compartilhavam o seu ideal.

*Esse é um detalhe interessante.*

Para nós é importante viver como eremitas em nossas celas, mas formando, ao mesmo tempo, uma família unida no interior do mosteiro. Nos séculos passados, se usava o termo "família" para designar as comunidades cartusianas, por causa do número reduzido de seus membros. Hoje os nossos Estatutos fazem o mesmo.

*Como esse aspecto "familiar" é vivido na prática?*
A liturgia é o fundamento da nossa vida de família. "Quando nos reunimos para a santa Eucaristia, em Cristo presente e orante se consuma a unidade da família cartusiana". Podemos dizer o mesmo dos Ofícios de Matinas e de Vésperas, que nos reúnem todos os dias na igreja. Nos domingos e solenidades, o almoço no refeitório e o encontro comunitário oferecem o consolo próprio da vida de família. Além disso, nos encontramos para o Passeio Semanal. Esse conjunto dá à vida eremítica cartusiana um ambiente familiar, humano e evangélico que nos ajuda a conservar um saudável equilíbrio.

## B. A cela

*Você citou várias vezes a "cela" como se fosse uma coisa especificamente cartusiana. Como é a cela da monja cartuxa?*
Sim, em uma Cartuxa, a "cela" é algo muito característico. Basicamente, as celas de todas as Cartuxas são compostas dos mesmos elementos, mas a disposição interna pode variar.

*Pode me descrever brevemente as celas?*
A palavra "cela" evoca espontaneamente a ideia de um único cômodo. Na verdade, a cela cartusiana é uma pequena casa de um ou dois pavimentos. É um sinal de unidade o fato de que cada "casinha" individual esteja unida às vizinhas por um claustro — que é um longo corredor, geralmente em forma de quadrilátero. À entrada de cada cela, preside um crucifixo e uma estátua da Santa Virgem. Quando entra em sua cela, a monja reza sempre uma Ave-Maria. No cômodo principal, a monja reza, faz suas refeições e dorme. Esse local é chamado de "cubiculum" e é mobiliado com um oratório, uma mesa, um armário e uma cama. Uma porta dá para um pequeno banheiro. O outro cômodo, bem iluminado, é o atelier, onde a monja pode realizar diversos trabalhos para os quais dispõe dos instrumentos necessários. De frente a esses dois cômodos, há um pequeno jardim. Essa é a cela cartusiana. Ali a monja

passa os seus dias, os seus anos, em silêncio, a sós com Deus. Ali ela toma suas refeições sozinha, exceto aos domingos e solenidades, nos quais almoça no refeitório com a Comunidade. O cuidado com o jardim, que cada uma cultiva segundo os seus gostos e as necessidades da comunidade, serve tanto como exercício físico, como uma tranquila recreação e distensão espiritual.

*A cela é um céu ou um purgatório?*
O primeiro. O dom mais precioso nessa vocação é o de ter recebido este chamado: o de viver só, para Deus. Os monges de todas as épocas experimentaram e cantaram a beleza da vida na cela, ao longo dos dias vividos na intimidade do Senhor. Os nossos Estatutos se unem a essa longa tradição monástica dizendo: "Ali Deus e seu servo se entretêm em frequentes conversas, como fazem os amigos. Ali, a alma fiel se une ao Verbo de Deus, a esposa ao Esposo, a terra ao céu, o humano ao divino".

*Ok, mas devido ao ambiente cheio de barulho, de imagens e distrações, característico da nossa sociedade, não fica difícil para as jovens adaptar-se a uma vida de silêncio e de solidão tão estrita como a de vocês?*
Normalmente a cela exige para a noviça um processo mais ou menos longo e penoso de adaptação — ou melhor, eu diria de desintoxicação —, para deixar que o silêncio entre no profundo de si mesma, acalmar a fantasia, os afetos, os sentimentos, até alcançar o repouso da mente, concentrar-se no essencial, nos valores transcendentes que, definitivamente, são os únicos que podem saciar os desejos mais profundos da alma.

*Que conselhos daria a uma jovem que chega do mundo e começa a viver a sua nova vida de eremita na cela, uma vida tão diferente da que viveu até então?*
Primeiro, que ponha a sua confiança em Jesus. Se foi Ele quem fez nascer a sua vocação, Ele mesmo a levará a bom termo. Segundo,

que confie igualmente na Mestra de noviças, que lhe indicará prudentemente os horários precisos para ocupar os seus 15 dias de forma organizada e útil; ensinar-lhe-á também a lutar contra as tentações de desânimo, a habituar-se, pouco a pouco, a uma tranquila escuta do coração e a deixar que Deus entre no seu íntimo.

### C. Os horários da Cartuxa

#### a. O Ofício noturno: Matinas e Laudes

*Parece-me que os horários da Cartuxa sejam um pouco estranhos, não?*
É, são um tanto originais.

*A que horas vocês vão dormir?*
Às 19h30min ou 20h. No verão, a essa hora, o sol ainda está acima do horizonte.

*Deitar para dormir às 19h30min ou 20h! E a que horas se levantam?*
Considerando as ligeiras diferenças entre uma casa e outra, nos levantamos geralmente às 23h45min. A essa hora, o sino da igreja chama para a oração.

*Então o dia da monja começa às 23h45min da noite?*
Isso.

*E o que fazem as monjas a essa hora?*
Elas vão ao oratório e começam a sua missão de louvor rezando as Matinas do Ofício da Bem-Aventurada Virgem Maria.

*Já começam bem o dia!*
Por volta da meia-noite e quinze, o sino toca de novo e toda a comunidade se dirige à igreja pelos claustros solitários e pouco iluminados.

*E chegadas à igreja...*
Arrumamos os livros nas estantes do coro, apagamos as luzes e entramos em um profundo silêncio. Ao sinal, inicia-se o canto das Matinas.

*O que são as "Matinas"?*
"Matinas" ou "Vigília noturna" é uma parte na nossa liturgia comunitária em que se alternam salmos e leituras tiradas da Sagrada Escritura ou dos Padres da Igreja. A salmodia é calma e meditativa. Nos domingos e em outros dias festivos importantes, as Matinas terminam com a leitura do Evangelho do dia. Nos outros dias, terminam com preces de intercessão pelas necessidades da Igreja e do mundo. Segue-se, então, o Ofício das Laudes, que termina com o canto do *Benedictus*, uma antífona em honra à Virgem Maria e a oração do Ângelus da noite com lentos toques de sino.

*E aí volta-se para a cela para dormir de novo?*
Ainda não. Chegando à cela, rezamos as Laudes do Ofício da Bem-Aventurada Virgem Maria. Depois, nos deitamos sem demora.

*A que horas?*
Isso depende da duração dos Ofícios, que pode ser de duas a três horas.

*E por que tudo isso?*
Porque a noite, segundo o testemunho da Sagrada Escritura e a sensibilidade dos antigos monges, é um tempo especialmente favorável ao recolhimento e à união com Deus. Por isso, na Cartuxa, temos uma predileção especial por essas horas de louvor noturno.

## b. A manhã

*E a que horas vocês acordam de novo?*
Nos levantamos de maneira a estar prontas às 7h para rezar o Ofício de Prima, seguido de um momento de oração antes da Missa conventual.

*A que horas é a Missa?*
Às 8h, nos reunimos na Igreja para a celebração eucarística. Essa Missa é sempre cantada, com o canto gregoriano, e dura aproximadamente uma hora.

*E quando a Missa acaba?*
Ao voltar da Missa, rezamos a Hora de Terça, e, depois, até o meio-dia, o tempo é dividido entre a "lectio divina", o estudo e o trabalho manual.

*E ao meio-dia?*
Ao meio-dia, depois de ter rezado a Hora de Sexta, seguida do Ângelus, almoçamos na solidão, exceto nos domingos e solenidades.

*E depois do almoço?*
Dispomos de um pouco de tempo de distensão: passeio ou trabalho leve no jardim, ou, então, arrumação e limpeza da cela... Depois, rezamos a Hora de Nona, seguida de um tempo dedicado ao trabalho manual até às Vésperas.

*Esses horários não mudam nunca?*
Mudam. Nos domingos e solenidades, a Hora de Nona é cantada na igreja. Depois, vamos ao "Capítulo", onde escutamos uma leitura do Evangelho ou dos Estatutos. Depois do Capítulo, temos um encontro fraterno.

### c. Tarde e noite

*Como vocês passam a tarde e o fim do dia?*
Depois de termos rezado Nona e até quinze minutos antes das Vésperas, consagramos o nosso tempo ao trabalho manual. O Ofício das Vésperas dura meia hora; é composto por um hino, quatro salmos com as respectivas antífonas, uma leitura breve, um responsório e o *Magnificat*; acaba com as preces de intercessão e com o canto da Salve Regina, cujo texto e melodia são ligeiramente diferentes dos do rito romano. Depois das Vésperas, o tempo é consagrado aos exercícios espirituais. As jovens em formação alternam, assim, estudo e espiritualidade.

*A que horas vocês jantam?*
O jantar, ou, nos dias de jejum, o "lanche", se faz geralmente às 18h.

*O que fazem as monjas depois do jantar?*
Nesse momento, assim como depois do almoço, sobra um tempo livre.

*Como se termina o dia?*
Às 19h o sino toca o Ângelus da tarde. As monjas podem prolongar a oração ou a leitura espiritual ainda por uma hora, mas é aconselhável não demorar para deitar-se. O dia acaba com a oração de "Completas", hora do Ofício na qual se agradece a Deus por todas as graças recebidas durante o dia e se lhe suplica proteção para a noite que está chegando. Assim terminamos, entre as 19h30min e às 20h, o nosso dia vivido na espera da vinda do Mestre.

### d. Horários em função da vida litúrgica

*Suponho que os seus horários sejam estabelecidos em função da vida litúrgica. Certo?*
Isso mesmo. As Matinas, no coração da noite, a Missa conventual, de manhã cedo, e as Vésperas, à tarde, dão ritmo ao dia; esses Ofícios são os momentos fortes, nos quais as monjas deixam as suas celas para ir à igreja.

*Que lugar ocupa a liturgia na vida da monja cartuxa?*
A nossa vocação é ser, com Cristo e no Cristo, um louvor a Deus Pai, através do nosso ministério de louvor e de intercessão. A Eucaristia, celebrada e cantada em melodias gregorianas a cada manhã em comunidade, é, segundo os nossos Estatutos, "o centro e o cume da nossa vida".

*E o Ofício Divino?*
A monja cartuxa reza boa parte do Ofício divino sozinha na cela, mas sabe bem que a sua voz não é uma voz individual, isolada, perdida na imensidão do mundo, mas que é a mesma oração de Cristo e de toda a Igreja. Sim, na liturgia, o Cristo, na qualidade de Cabeça, reza em nós, de modo que nele nós podemos reconhecer a nossa voz, e em nós a sua.

## 6. *As origens da Ordem Cartusiana*

*Antes de terminar, faço-lhe uma pergunta elementar: o que é a Cartuxa?*
É uma Ordem monástica nascida no final do século XI, um caminho evangélico que percorreu mais de nove séculos.

*Quem é o fundador?*
Mais que um "fundador", eu diria o "iniciador" deste gênero de vida foi São Bruno, nascido em Colônia, Alemanha, por volta do

ano 1030. Foi estudante, depois cônego e reitor da famosa escola catedralícia de Reims. Com seis companheiros, retirou-se para um lugar solitário e escondido nos Alpes do Delfinado, o maciço de Chartreuse (Cartuxa), a uns trinta quilômetros de Grenoble. A casa geral da Ordem se encontra ainda, hoje, naquele lugar.

*Porque vocês dizem que São Bruno não foi o fundador da Ordem, mas o seu iniciador?*
Porque, na verdade, ele não escreveu nenhuma regra monástica. Além do mais, não permaneceu por muito tempo no eremitério de Chartreuse. Solicitado pelo Papa Urbano II, que havia sido seu discípulo em Reims, teve de ir a Roma e acompanhar o Papa em seus deslocamentos pela Itália meridional. Urbano II compreendeu o carisma de São Bruno, que era profundamente atraído pela vida eremítica, e autorizou que ele se retirasse novamente para um lugar solitário da Calábria, em Santa Maria da Torre. Lá, fundou, com outros companheiros, um ermo similar ao de Chartreuse. Ali morreu, em 1101, e ali seus restos mortais repousam. Mas foi a primeira fundação da Cartuxa, nos Alpes franceses, que conservou o seu espírito e, com o passar dos anos, se converteu na Ordem monástica dos Cartuxos.

*E as monjas cartuxas? Quem é a sua fundadora?*
Também nós, monjas cartuxas, somos filhas de São Bruno. Por volta do ano 1145, uma comunidade de monjas de Prébayon, no sul da França, atraída pelo gênero de vida da Cartuxa, decidiu adotar os "Costumes" dos monges. O Capítulo Geral lhes concedeu a filiação. Desde então, a Cartuxa constitui uma única família composta por um ramo masculino e um ramo feminino [Até aqui o texto é das monjas cartuxas].

Eis o que, de modo abrangente, se poderia, por ora, dizer a respeito das monjas cartuxas em seu dia a dia. Margarida de Oingt foi uma delas, por isso a conheceremos melhor no próximo tópico.

## Quem é Margarida de Oingt?[5]

Não sabemos a data do nascimento de Margarida de Oingt, nem temos abundantes notícias dos anos que antecederam sua entrada no mosteiro. Margarida pertencia a uma nobre família lionesa, cuja origem remonta ao início do século XI. Foi uma das quatro filhas de Guiscardo, o Senhor d'Oingt, que em seu testamento, de 25 de julho de 1297, deixou à sua filha Margarida, religiosa e priora de Poleteins, por instituição legal, uma renda anual, enquanto vivesse, de 100 salários. Desconhecemos quando Margarida entrou no mosteiro de Nossa Senhora de Poleteins, perto de Lyon. Sabemos apenas que era religiosa em 1286 e escolheu a vida monástica para responder a um íntimo chamado divino e não, como tantas vezes acontecia, para obedecer à vontade do pai, na qual, muito frequentemente, havia razões predominantes de interesses materiais da família. Em 1288, era prioresa da comunidade e o será até sua morte em 11 de fevereiro de 1310. Após sua morte, é reverenciada como "Beata", mas esse culto desaparece com a Revolução Francesa, quando todas as comunidades de monjas foram dispersas[6].

Margarida deixou alguns breves escritos espirituais que, muito além do seu próprio conteúdo, têm um notável valor do ponto de vista histórico e literário, são um dos raros testemunhos do dialeto lionês do século XIII e, desse modo, do nascimento da língua francesa. A linguagem utilizada por Margarida de Oingt é uma mistura da língua *d'oc* e língua *d'óil*, que, em Lyon, se juntaram numa só. Não obstante essa característica, seus escritos foram esquecidos durante séculos; o primeiro a

---

[5] Texto extraído de Um cartuxo. *Antologia de autores cartuxos.* São Paulo: Cultor de Livros, 2020, p. 443-446. Apenas adaptamos a grafia Oyngt para Oingt.
[6] No dia 3 de novembro de 2010, no entanto, o Papa Bento XVI assim concluiu sua Catequese sobre essa monja cartuxa: "Sigamos *Santa Margarida* neste olhar dirigido a Jesus. Leiamos o livro da sua vida, deixemo-nos iluminar e purificar, para aprender a vida verdadeira" (itálico nosso).

falar deles é o cronista cartuxo Pe. Dorlando, que foi seguido por vários estudiosos da história local da região leonesa, e V. Le Clerc que dedicou a Margarida um artigo na *Histoire littéraire de la France*. As obras de Margarida foram publicadas pela primeira vez em 1877: *Oeuvres de Marguerite d'Oyngt, Prieuré de Poleteins*. Estas incluem as *Méditations*, o *Speculum Sancte Margarete virginis Priorisse de Poleteins, Li via Seiti Biatrix virgina de Ornaciu*, quatro *Epistolae* e dois fragmentos de cartas; conclui o volume três contos, escritos após a sua morte, narram eles alguns eventos extraordinários (profecias, milagres) atribuídos à priora de Poleteins.

*Pagina meditationum* é uma meditação sob forma de oração, escrita em latim, inspirada na introdução da Missa do Domingo da Septuagésima, desenvolve dois temas principais: o amor do Senhor para com todos os homens manifestado eminentemente em sua paixão e o temível julgamento para o qual as almas religiosas negligentes e ingratas são preparadas. O *Speculum*[7], composto em Lyon, contém (escrito em terceira pessoa) três visões que revelam a experiência mística de Margarida. Por meio de símbolos de inspiração bíblica (livro fechado, escrito do lado de fora: cf. Ap 5) essa pequena obra nos mostra como a pessoa de quem ela fala, através da meditação e imitação da vida e da Paixão de Cristo (escrevendo em letras brancas, pretas e vermelhas), chegou à contemplação da Trindade, fonte de todo o bem, e de Cristo ressuscitado, que, em seu corpo glorioso, recapitula toda a criação, os anjos e os santos. *Li via Seiti Biatrix*, escrita em Lyon, é uma biografia da Beata Beatriz d'Ornacieux, contemporânea de Margarida e monja da Cartuxa de Nossa Senhora de Parménie (Isère). As quatro *Epistolae* e os dois fragmentos de cartas, também escritos em Lyon, são endereçados a várias pessoas e contêm textos espirituais.

---

7  Livro traduzido na parte 2 desta obra.

## Margarida de Oingt em sua vida mística cartusiana

A razão pela qual Margarida, que viveu uma vocação de solidão e ocultação, escreveu essas obras, ela mesma nos dá a conhecer: era seu desejo "fixar por escrito os pensamentos despertados por Deus no seu coração para não os esquecer e poder neles meditar de novo com ajuda da graça divina".

O centro de sua personalidade é a pessoa de Jesus, a quem ela chama carinhosamente de "pulcher dulcis Domine Jesu Christe"[8] e que, numa perspectiva de mística nupcial e também sob a influência litúrgica do rito da consagração das virgens (importante em comunidades de monjas cartuxas), é visto como Cristo-Esposo. Além disso, com uma sensibilidade primorosamente feminina, Jesus é também para Margarida, o Cristo "Mãe"; os sofrimentos de sua Paixão são para ela as dores do parto com as quais nos concebeu para a vida da graça. Finalmente, além dos mistérios da infância e da Paixão, Cristo também é contemplado na sua glória de Ressuscitado como espelho luminoso da Beleza e da Luz divina. Ela é expressa em linguagem elaborada principalmente a partir da Escritura e da liturgia, mas não lhe são desconhecidas as grandes figuras espirituais de seu tempo, e provavelmente estava também familiarizada com os escritos dos místicos cartuxos Guigo du Pont e Hugo de Balma, seus contemporâneos.

### O autêntico êxtase na mística [9]

Margarida de Oingt escreve sua obra *Speculum* (Espelho) depois de um êxtase. Daí a importância de ajudarmos o (a) leitor(a) desta obra a entender melhor esse termo estudado na Mística. Provém do grego *ex-stasis*: estar fora de si. "Significa, na linguagem teológica católica, o arrebatamento do espírito

---

8 Lindo e doce Senhor Jesus Cristo.
9 Este breve estudo se deve ao organizador deste livro, Vanderlei de Lima.

frente a algo extraordinário, que lhe absorve a atenção. É a experiência de estar em contato espiritual com um ser transcendental ou com o próprio Deus" (Dom Estêvão Bettencourt, OSB. *Curso de Espiritualidade*. Rio de Janeiro: Mater Ecclesiae, 2006, p. 168). É o desdobramento da vida de oração (cf. Frei Antônio Royo Marín, OP. *Teología de la perfección cristiana*. 6ª ed. Madri: BAC, 1988, p. 925).

São características do estado de êxtase autêntico: a imobilidade quase absoluta, o enfraquecimento ou a perda total da sensibilidade, a diminuição das funções vegetativas (respiração e circulação, por exemplo), a expressão de profunda felicidade (chamada de fisionomia extática), um sentimento de bem-estar ou, mais raramente, de dor que pode levar, em alguns casos, ao arrebatamento ou à levitação, mas, em nenhum momento, a pessoa perde a memória.

"No êxtase místico tem-se a suspensão dos sentidos externos (ao menos parcial), mas não a perda da consciência, que se encontra pelo contrário no estado de superconcentração, para as comunicações divinas operadas no interior do místico" (Pe. Vittorio Marcozzi, SJ. *Fenômenos paranormais e dons místicos*. São Paulo: Paulinas, 1993, p. 33). Daqui decorre um importante dado: nos transes provocados ou patológicos e nas hipnoses, há perda da consciência e, ao voltar a si, a pessoa não se lembra de nada do que se passou. "O esquecimento daquilo que se disse no êxtase — observa P. Richstätter — é completamente desconhecido pela teologia mística: 'O esquecimento foi sempre considerado prova de êxtase não autêntico'" (*idem*).

No êxtase autêntico, a pessoa se lembra de tudo. Daí, vermos a importância que têm os relatos detalhados dos êxtases ocorridos com os (as) místicos (as). Trazem detalhes do que viram, ouviram, sentiram e, ainda, dão data, hora e local do acontecido, o que prova a autenticidade daquilo que descrevem, sem inventarem nada e sem mostrarem desejo de se destacar entre os demais[10]. Ao contrário, quem lê as obras de Santa Gertrudes de Helfta, por exemplo, nota sua grande relutância para descrever suas experiências místicas[11].

Vê-se, assim, que os relatos dessa grande santa do século XIII e de outras místicas bem preenchem as condições que, no século XVIII, o Papa Bento XIV (1740-1758) estipulou para se reconhecer o autêntico êxtase. São elas: 1) que não venha depois de enfermidade ou de outra causa que poderia, naturalmente, produzi-lo; 2) que não se reproduza com periodicidade fixa ou em tempo determinado; 3) que não cegue nem encubra o intelecto; 4) que não comporte o esquecimento das coisas passadas e, em particular, das coisas ditas e ouvidas durante o tempo do êxtase (o esquecimento é prova de inautenticidade).

No entanto, apesar dessas normas muito claras, na prática há casos de difícil diagnóstico, pois pessoas muito santas e piedosas, mas também portadoras de problemas psíquicos, podem entrar em êxtase. Daí, ao investigar os episódios, ser, de acordo com Dom Estêvão, "preciso levar em conta não somente a conduta geral do indivíduo extático, mas também, e principalmente, o objeto que absorve tal pessoa e a põe em estado de concentração, como também o comportamento da mesma após o êxtase" (Dom Estêvão Bettencourt, OSB. *Espiritualidade*, p. 169).

---

10 Cf. *Mensagem do amor de Deus*. Revelações de Santa Gertrudes. Livro II. 2ª ed. São Paulo: Artpress, 2011, p. 9-10, por exemplo.

11 "Santa Gertrudes tinha 26 anos quando recebeu a primeira manifestação divina, no dia 27 de janeiro de 1281. Começou a escrever a narração dos favores de que foi objeto somente oito anos depois, em 1289. [...] Foi Deus, Nosso Senhor, que mandou que Gertrudes escrevesse. Como ela relutasse em fazê-lo, Ele a advertiu: 'Não aceito nenhuma objeção e quero que teus escritos sejam para os últimos tempos, quando vou difundir minha graça sobre muitas almas, um testemunho irrecusável de minha divina ternura' (Livro II, cap. X)" (*Mensagem do amor de Deus*. Revelações de Santa Gertrudes. Livro I. São Paulo: Artpress, 2003, p. 6).

Sobre Margarida, lemos que "ela estava rezando, após as Matinas e contemplava, como de costume, o seu livro. De repente, sem que percebesse, viu o livro aberto, uma vez que, até então, contemplava só o seu exterior" (*Speculum* 2,14).

Finalizando, acompanhemos, ainda, a fala de Dom Estêvão Bettencourt, OSB, sobre o valor e o significado teológico do autêntico êxtase místico: "O êxtase místico não é um fenômeno necessário nem mesmo nos graus elevados de santidade. O extraordinário fica sendo sempre uma exceção. Como quer que seja, quando Deus permite o êxtase, permite a exteriorização do profundo amor da criatura ao Senhor. Este se revela mais nitidamente à pessoa fiel, permitindo que ela se deixe absorver de maneira mais radical pela contemplação da santidade e da perfeição divinas. Como se compreende, não se trata da visão de Deus face a face (reservada para o céu)[12], mas de um olhar mais penetrante da mente sobre o Infinito de Deus. Quem é agraciado com tal olhar, não consegue descrever com precisão o que viu durante o êxtase, pois a linguagem humana é inadequada para relatar a experiência de Deus mais aprofundada. Alguns santos que gozaram de tal privilégio contemplativo (assim São Paulo, S. Agostinho, Santa Catarina de Sena, a Bem-aventurada Ângela de Foligno...), referiam-se a tal graça afirmando que não lhes era possível exprimir o que haviam experimentado naqueles momentos extáticos ou momentos de ultrapassamento do humano para usufruir, mais de perto, da presença de Deus".

"São Paulo, por exemplo, afirma que foi elevado misticamente até 'o terceiro céu' (2Cor 12,2-4) e se refere aos traços característicos desse enlevo: aparente separação de corpo e alma[13], arre-

---

12 Para a visão de Deus face a face, após a morte, no céu, é preciso que o mesmo Deus fortaleça o intelecto dos justos com a infusão da chamada luz da glória (*lumen gloriae*). Ela, enquanto espiritual e divina, faz a mente como que se dilatar a fim de receber em si a imensidão de Deus (cf. Pe. Reginald Garrigou-Lagrange, OP. *O homem e a eternidade*. Lisboa: Aster/São Paulo: Flamboyant, 1959, pp. 265-266).

13 "Eis o texto paulino: 'Mencionarei as visões e revelações do Senhor. Conheço um homem em Cristo que, há quatorze anos, foi arrebatado ao terceiro céu — se em seu corpo, não sei; fora do corpo, não sei; Deus o sabe! Eu sei que esse homem — se no corpo ou fora do corpo não sei; Deus sabe! — foi arrebatado até o paraíso e ouviu as palavras inefáveis, que não é lícito ao

batamento ao paraíso, palavras indizíveis, mas frisa bem que só na outra vida será dado ao homem gozar daquilo que os olhos jamais viram e os ouvidos jamais ouviram (cf. 1Cor 2,9)". [...]

"Observe-se ainda que, conforme os místicos, o êxtase sobrevém sem que o indivíduo o espere e tente provocar[14]. Pode ser de breve duração, como também pode durar um pouco mais; como quer que seja, é sempre algo passageiro. É o termo consumado ao qual poderá levar uma vida de ascese[15] e purificação; o asceta é alguém que escolhe deliberadamente um gênero de vida austera, apto a dominar e amortecer as paixões desregradas mediante o exercício da vontade enérgica sustentada pela graça de Deus".

"Em suma, o êxtase é uma graça especial que não caracteriza necessariamente a santidade. O que define esta última é o ardente amor a Deus, que leva à contemplação e à experiência do Senhor sem que tal estado íntimo se traduza, obrigatoriamente, em efeitos corporais" (*Espiritualidade*, pp. 169-170).

Isso posto, passemos, na parte II, à obra de Margarida em si.

---

homem repetir'. É de notar que a alma não se pode separar do corpo sem que este morra, pois a alma é o princípio vital sem o qual o corpo não tem vida. A alma não vagueia fora do corpo" — Nota do original.

14 Segundo São João da Cruz, grande místico carmelita do século XVI, os fenômenos místicos, longe de colaborar na santificação, podem atrapalhar, pois, em alguns casos, tiram a pureza da fé, despertam curiosidades (talvez, inúteis) e podem ser fontes de ilusões e fantasias (cf. *Subida del Monte Carmelo*, L. II, c. XVI *apud* Pe. Adolfo Tanquerey, SJ. *Compêndio de Teologia ascética e mística*. 4ª ed. Porto: Apostolado da Imprensa, 1948, p. 839).

15 Ascese vem do termo grego (áskesis) que significa exercício, especialmente o treinamento do atleta para competir nas Olimpíadas ou do soldado convocado para a guerra. Ora, os cristãos adotaram essa palavra para designar os exercícios ou práticas de autodomínio a fim de estarem "em forma" nas horas de combate contra as muitas provações que nos atacam cotidianamente (Ver a propósito, Dom Estêvão Bettencourt, OSB. *Curso de Espiritualidade*, pp. 37-42).

## Capítulo II
## O espelho

### I

1. Parece que te ouvi dizer que, quando te falam de alguma graça que Nosso Senhor concedeu a um de seus amigos, tu ficas melhor por um tempo. E como desejo a tua salvação tanto quanto a minha, dir-te-ei, o mais brevemente possível, um grande favor que Nosso Senhor concedeu, há pouco tempo, a uma pessoa de meu conhecimento[16]. E para teu proveito, dir-te-ei a razão pela qual acredito que Deus o fez a ela.

2. Essa criatura, pela graça de Nosso Senhor, gravou no seu coração a vida santa que Deus, Jesus Cristo, teve na Terra, os seus bons exemplos e a sua boa doutrina. E ela colocou tão bem o doce Jesus em seu coração que, às vezes, parece que Ele está do seu lado e segura, nas mãos, um livro fechado para instruí-la.

3. A capa deste livro é enfeitada com letras brancas, pretas e vermelhas e os fechos com letras douradas.

4. As letras brancas falam da vida santa (*sancta conversations*) do bendito Filho de Deus, cuja inocência e pureza iluminam as obras. As letras pretas falam dos golpes, das bofetadas e imun-

---

[16] É ela mesma, mas, por humildade, não o diz.

dícies que os judeus lançaram n'Ele, em seu rosto sagrado e em seu nobre corpo, até parecer um leproso. Em letras vermelhas, estão pintadas as feridas e o precioso sangue derramado por nós.

5. Por fim, os dois fechos são realçados com letras douradas. Numa delas, podemos ler: "*Deus erit omnia in omnibus* — Deus será tudo em todos" e na outra "*Mirabilis Deus in sanctis suis* — Deus é admirável nos seus santos" (Sl 67,36 — Vulgata[17]).

6. Contarei resumidamente como essa pessoa usa este livro. Ao amanhecer, começa a pensar como o bendito Filho de Deus quis descer na miséria deste mundo para levar nossa humanidade até lá e adicioná-la à sua divindade, de modo a podermos dizer que Deus, que é imortal, morreu por nós. Em seguida, ela considera a grande humildade que Ele trazia e como aceitava ser perseguido dia após dia. Então, pensa na grande pobreza que Ele possuía, na grande paciência que teve e como foi obediente até à morte.

7. Quando ela olhou para esse livro, começou a ler aquele [outro] sobre sua consciência, que achou cheio de falsidades e mentiras. Quando ela considera a humildade de Jesus Cristo, encontra-se cheia de orgulho. Quando pensa que Ele queria ser perseguido e desprezado, encontra nela exatamente o oposto. Quando olha para sua pobreza, custa-lhe aspirar ser tão pobre e desprezada. Quando olha para a paciência de Nosso Senhor, não a encontra nela. Quando pensa em como Ele foi obediente até à morte, não se acha tão obediente quanto deveria ser.

8. É assim que as letras brancas contam o ensino do bendito filho de Deus. Depois de perceber seus próprios defeitos, ela promete a si mesma corrigir-se ao máximo possível, seguindo o exemplo de Jesus Cristo.

9. Em seguida, ela começou a estudar as letras pretas, nas quais estão escritas as afrontas às quais Jesus Cristo foi submetido; lá, aprende a suportar com paciência as tribulações.

---

17 *Vulgata* é o nome da tradução latina da Bíblia feita por São Jerônimo († 421) nos fins do século IV e início do V.

10. Em seguida, estuda as letras vermelhas nas quais são descritas as feridas de Jesus Cristo e o derramamento do seu precioso sangue. Lá, aprende não só a sofrer com paciência as tribulações, mas também a alegrar-se nelas, de tal forma que os prazeres deste mundo lhe despertam horror, e nada lhe parece mais digno ou mais doce do que sofrer as dores e os tormentos do século por amor ao seu Criador.

11. Depois, analisa as letras douradas e nelas aprende a desejar as coisas do Céu.

12. Ela descobre, escrita neste livro, a vida que Jesus Cristo levou na Terra, desde o seu nascimento até a sua ascensão ao Céu.

13. Então, começa a imaginar como o bendito Filho de Deus estava sentado à direita de seu glorioso Pai. Mas seus olhos ainda se encontram tão pesados que não consegue contemplar Nosso Senhor em seu coração. Todos os dias, deve recomeçar, no início da vida de Nosso Senhor Jesus Cristo, até que tenha conseguido emendar bem a sua vida, seguindo o exemplo deste livro. Foi assim que ela adquiriu o hábito de estudá-lo.

## II

14. Algum tempo atrás, ela estava rezando, após as Matinas[18] e contemplava, como de costume, o seu livro. De repente, sem que percebesse, viu o livro aberto, uma vez que, até então, contemplava só o seu exterior.

15. O interior era como um belo espelho e não tinha mais do que duas páginas. Do que ela viu no livro, não direi muito, pois não há inteligência para reter, nem boca para dizê-lo. No máximo, direi o que Deus me der a graça de dizer.

16. Este livro se abriu num lugar de deleite tão grande, que o mundo inteiro é pequeno em comparação. E deste lugar bro-

---

18 Atualmente, dizemos Ofício de Vigílias ou Leitura.

tou uma luz gloriosa com um triplo halo de cores, como de três pessoas; não podemos dizer mais.

17. De lá, provém tudo o que é bom. De lá, veio a verdadeira sabedoria pela qual todas as coisas são feitas e criadas. De lá, procedia o poder ao qual tudo se curva. De lá, emanava tanta doçura e tão grande consolo que os anjos e as almas ficavam satisfeitos e não podiam desejar nada mais. De lá, espalhou-se um odor doce e que atraiu todas as virtudes do Céu. Daí, surgiu uma tal conflagração de amor que toda a felicidade no mundo é apenas amargura em relação a ela. De lá, foi expressa uma tal alegria que nenhum corpo humano pode sequer pressentir.

18. Quando os anjos e os santos contemplam a beleza de Nosso Senhor e experimentam sua bondade e mansidão, regozijam-se tanto que começam a entoar um cântico sempre novo e cuja melodia é muito doce. Este doce cântico vai de um para o outro, dos anjos para os santos, do primeiro para o último. E assim que ele acaba, outro toma o seu lugar. E essa música vai durar eternamente.

19. E os santos gozarão de seu Criador para sempre, como os peixes bebem, sem cessar, a água do mar, dia após dia, nunca se cansando ou vendo-a diminuir. Sempre será assim; os santos irão alimentar e matar a sua sede na grande bondade de Deus. E quanto mais a provem, mais a pedirão. E esta doçura não poderia se exaurir mais do que a água do mar. Pois assim como a água dos rios nasce da água do mar, e todos voltam a ele, assim também a bondade e a doçura de Nosso Senhor, embora estejam espalhadas por toda parte, voltam sempre para Ele. E isto porque eles nunca poderiam ficar saciados.

20. E mesmo que os santos nada fizessem, além de imaginar a grande bondade de Deus, não poderiam conseguir conceber a imensa caridade pela qual o grande Senhor enviou seu bendito Filho à Terra.

21. Ou pense ainda que Ele oculta muitas outras riquezas. Ele supera tudo o que pode ser imaginado e desejado por todos os

seus santos. E é este o sentido da inscrição gravada no primeiro fecho do livro: "*Deus erit omnia in omnibus* — Deus será tudo em todos" (1Cor 15,28).

22. No segundo fecho do livro, está escrito: "*Mirabilis Deus in sanctis*. Deus é admirável nos seus santos!". Ninguém pode imaginar quão admirável é Deus nos seus santos.

## III

23. Recentemente, uma pessoa que conheço bem estava imersa em sua oração, por volta das Matinas. Ela imaginou Jesus Cristo, sentado à direita de Deus, seu Pai, e, de repente, seu coração se elevou tão violentamente que acreditou ser transportada para um lugar maior do que o mundo inteiro que brilhava por todos os lados, mais forte que o Sol. Esse lugar estava cheio de pessoas tão belas e luminosas que não dá para descrever.

24. E entre elas, lhe pareceu ver Jesus Cristo, em uma tal glória que não pode ser descrita. Estava vestido com os gloriosos trajes que lhe foram confiados pelo nobre corpo de Nossa Senhora. Em suas nobilíssimas mãos e em seus pés, apareceram as chagas gloriosas que Ele sofreu por nossa causa. Dessas gloriosas chagas brotou uma claridade tão grande que foi de imensa admiração, como se toda a beleza divina estivesse ali reunida. Seu corpo glorioso era tão nobre e transparente que se podia ver a sua alma. Seu corpo era tão puro que se podia ver mais claramente do que em um espelho, tão belo que se viam os anjos e os santos como se estivessem ali pintados. Seu rosto era tão gracioso que os anjos, que o contemplavam desde a sua criação, não conseguiram se livrar desse espetáculo e continuaram a se alegrar nele.

25. Verdade seja dita, basta considerar e olhar para a beleza e a bondade que está n'Ele para amá-Lo tanto, que tudo o mais se torna amargo. Porque Ele é tão bom, tão doce

e tão cortês que tudo o que Ele tem compartilhou-o com os seus amigos (cf. Jo 15,15).

26. Pense, portanto, na beleza tão grande que Ele deu a todos os anjos e a todos os santos, que são seus membros, para que cada um seja tão brilhante quanto o Sol. Imagine, portanto, como é lindo o lugar onde reina tal claridade.

27. Porque Deus é tão grande que está em toda parte e isso só diz respeito a Ele. Ele deu a seus amigos tanta leveza que eles vão para onde querem num instante; pois onde quer que estejam, estão perto d'Ele.

28. Deus é muito forte e poderoso e é por isso que deu a seus amigos tanta força e poder que eles podem fazer o que quiserem. Se quiserem erguer o mundo, tudo o que precisam fazer é [apenas] mover um dedo.

29. Jesus Cristo é livre; e é por isso que Ele tornou os seus amigos tão livres, sutis e leves que podem até entrar e sair por meio de portas fechadas, sem qualquer dificuldade, como Jesus fez depois de sua ressurreição (cf. Jo 20,19).

30. Deus não sofre nenhum mal e não conhece nenhuma enfermidade e é por isso que concedeu aos seus amigos uma saúde tal que nunca adoecem, nem se cansam, nem sofrem, nem do corpo nem do espírito.

31. Deus é alegria, porque não há doçura nem felicidade que não venha d'Ele. É o aroma de sabores inebriantes. É tão bom que quem o prova continua a desejá-Lo e nada mais deseja do que conhecer a sua doçura.

32. Deus está repleto de sabedoria e deu tanto aos seus amigos que eles não poderiam pedir mais, pois têm tudo o que desejam.

33. Deus é amor e se deu de tal maneira aos santos que eles se amam tanto quanto um membro pode amar o outro. E o que um quer todos os outros querem.

34. Deus é eterno e é por isso que Ele fez amigos de uma matéria tão nobre que não podem ser corrompidos ou envelhecer; mas viverão eternamente com Ele.

35. Pense na grande bondade que há n'Ele, que deu tudo o que tinha aos seus amigos. Ele fez mais ainda, pois se entregou e os fez tão belos e tão gloriosos que todos podem ver a Trindade em si próprios, como quando olhamos para nós mesmos num belo espelho. E esta é a inscrição que se lê no segundo fecho: "*Mirabilis Deus in sanctis suis*".

36. E do mesmo modo como os santos se alegram em contemplar a beleza de Nosso Senhor, assim também nosso bom Criador se alegra em ver a beleza e o amor das criaturas que Ele fez — à sua *imagem e semelhança* (Gn 1,26) —, como um pintor talentoso tem gozo em contemplar sua obra-prima.

37. Creio, na verdade, que aquele a quem é dado contemplar a beleza que Nosso Senhor manifesta na glória dos seus santos, não pode deixar de celebrar as suas maravilhas e que, muito perto de desfalecer que esteja na emoção de sua revelação, reconhecerá que Deus realmente cumpriu a promessa do seu profeta Davi: "*Ego dixi, dii estis* — Eu digo, sois deuses" (Sl 82,6 — Vulgata). E cada um lhe parecerá um pequeno Deus, pois todos são seus filhos e herdeiros.

38. Seguramente, não acredito que exista, no mundo, um coração frio o suficiente para conhecer e experimentar a beleza de Nosso Senhor sem se ver em chamas de amor. Mas há corações tão depravados que, como porcos, preferem o cheiro da lama ao perfume de rosas. Assim como aqueles que preferem as coisas do século à companhia de Deus. Eles estão tão cheios de escuridão que nada veem.

39. E as pessoas que carecem de toda pureza não têm o poder de amar a Deus ou conhecê-Lo. Porque Deus nos diz, em seu Evangelho, que *ninguém conhece o Filho senão o Pai, nem o Pai senão o Filho e aqueles a quem o Filho o quiser revelar* (Mt 11,27). Acredito que o Filho de Deus não confia seus segredos àqueles que não são puros, porque: *bem-aventurados os puros de coração que verão a Deus claramente* (Mt 5,8). É Ele mesmo quem o promete,

no Evangelho, e diz que os inocentes são bem-aventurados porque verão a Deus face a face, na sua grande beleza.

40. Que Jesus Cristo nos conceda viver puros, de coração e de corpo, para que, quando a nossa alma deixar o nosso corpo, ele se digne mostrar-nos o seu rosto glorioso.

## Posfácio

### Carta de Margarida de Oingt [19]

Meu querido padre,
Não escrevi este texto para dá-lo a ler ao senhor ou a qualquer outra pessoa nem para que ele sobreviva ao meu desaparecimento; porque não me sinto chamada a fazer uma obra [literária] ou me exibir. Só escrevi isso para fomentar a minha memória de todas essas coisas e me lembrar do meu Criador, sempre que o mundo me distrair d'Ele. Meu doce padre, não sei se o que está escrito neste livro está de acordo com as Sagradas Escrituras, mas sei que aquela que o escreveu ficou encantada com Nosso Senhor uma noite [inteira], tão elevada que parecia ver todas as coisas. E quando voltou a si, ela as havia escrito todas em seu coração de tal forma que não conseguia pensar em mais nada, e seu coração estava tão cheio delas que não conseguia comer, beber ou dormir e que ela, logo, se viu tão fraca que os médicos pensaram que estava confusa.

Ela pensou que se escrevesse essas coisas, como o Senhor as tinha colocado em seu coração, sua alma seria iluminada. Começou a escrever tudo no livro, na mesma ordem que saía do seu coração, e, conforme as palavras foram escritas no livro, se

---

19 Esta é uma correspondência dirigida a Hughes de Amplepuis, prior da Cartuxa de Valbonne, confidente, diretor espiritual e parente próximo de Margarida de Oingt.

soltaram do seu coração. E, quando tinha tudo escrito, estava curada. Acredito firmemente que, se não tivesse anotado tudo, ela teria morrido ou enlouquecido, pois já fazia sete dias que não dormia nem comia, sem ter feito nada para ficar nesse estado.

E é por isso que acredito que foi escrito pela vontade de Nosso Senhor.[20]

## *Bibliografia*[21]

Œuvres de Marguerite d'Oyngt, prieure de Poleteins, publiées d'après le manuscrit unique de la Bibliothèque de Grenoble, par E. Philipon, élève de l'École des Chartes, avec une introduction de M.-C. Guigue, Lyon, N. Scheuring, 1877.

Les œuvres de Marguerite d'Oingt. Éd. Antonin Duraffour, Pierre Gardette et Paulette Durdilly, Paris: Les Belles Lettres, 1965.

BAUGÉ [*Beaujeu] (Renaud de). *Le Bel Inconnu*, Honoré Champion, Paris, 2003.

DUBY (Georges). *Qu'est-ce que la société féodale?* Flammarion, Paris, 2002.

FOUILLANT (Gabriel). *Girin d'Amplepuis, vice-roi de Navarre*, em Bulletin de la Diana, Montbrison, 1998.

GUIGUE (Marie-Claude) & AUBRET (Louis). *Mémoires pour servir à l'histoire de Dombes*. Damour, Trévoux, 1868.

---

20  *Cartas de Margarida de Oingt, op. cit.*
21  O texto em provençal e francês pode ser encontrado postado (2020-09-11) em: http://jean-paul.desgoutte.pagesperso-orange.fr/livres/speculum/speculum.htm.

LEUTRAT (Paul). *Marguerite d'Oingt et de toujours.* Éditions de La Tour d'Oingt, le Bois d'Oingt, 1966.

MENESTRIER (Claude-François). *Éloge historique de la Ville de Lyon et sa grandeur consulaire sous les romains & sous nos rois,* Lyon, Benoît Coral, 1669.

MÜLLER (Catherine). *Marguerite de Porete et Marguerite d'Oingt de l'autre côté du miroir,* Éditions Peter Lang, New-York, 1999.

TUAILLON (Gaston). *La littérature en francoprovençal avant 1700.* Éditions Ellug, Grenoble, 2001.

VACHEZ (André). *Châtillon d'Azergues, son château, sa chapelle et ses seigneurs.* Éditions Vingtrinier, Lyon 1869.

VARENNES (Aymon de). *Le roman de Florimont,* 1188, arpublique, 2014.

# Capítulo III

## Algumas manifestações do culto imemorial a Margarida de Oingt

No dia 3 de novembro de 2010, o Papa Bento XVI, dentro de uma série de suas catequeses das quartas-feiras, dedicou algumas às figuras femininas mais importantes da vida espiritual da Igreja; uma delas foi destinada a uma à monja cartuxa: *Margarida de Oingt*. No final da mesma, não hesitou em chamá-la de "*Santa Margarida*". Acreditamos que, até agora, esse seja o testemunho mais forte do culto imemorial, ou da fama de santidade mais importante, que temos de Margarida.

Esta feliz referência à santidade de Margarida foi inesperada, pois se é verdade que a sua fama de santidade vem de longa data — de modo que a Diocese de Grenoble e a Ordem Cartusiana elevaram um pedido à Santa Sé para confirmar o seu *culto imemorial*, no longínquo ano de 1840 —, também é real que a *Congregação para a Causa dos Santos* ainda não se pronunciou. Por isso, a alusão feita por Bento XVI à dita santidade converte-se em mais um testemunho de um valor singular por proceder da pessoa do Papa.

A seguir, colocamos, em português, na íntegra, o texto da aludida Catequese; depois, colocaremos, do modo cronológico mais ordenado possível, as diferentes representações desta santa filha de São Bruno.

## *O texto de Bento XVI em português*

Queridos irmãos e irmãs,

Com Margarida de Oingt, de quem gostaria de vos falar hoje, somos introduzidos na espiritualidade da cartuxa, que se inspira na síntese evangélica vivida e proposta por São Bruno. Não conhecemos a data do seu nascimento, embora alguns afirmem que ocorreu por volta de 1240. Margarida provém de uma família poderosa da antiga nobreza da região de Lião, os Oingt. Sabemos que também a mãe se chamava Margarida e que tinha dois irmãos — Guiscardo e Luís — e três irmãs: Catarina, Isabel e Inês. Esta última segui-la-á no mosteiro, na Cartuxa, sucedendo-lhe, em seguida, como priora.

Não dispomos de notícias acerca da sua infância, mas dos seus escritos podemos intuir que transcorreu tranquilamente, num ambiente familiar carinhoso. Com efeito, para manifestar o amor ilimitado de Deus, ela valoriza muito as imagens ligadas à família, com referência particular às figuras do pai e da mãe. Numa de suas meditações, ela assim reza: "Bom e doce Senhor, quando penso nas graças especiais que me concedeste pela tua solicitude: em primeiro lugar, como me conservaste desde a minha infância, e como me subtraíste do perigo deste mundo e me chamaste para que eu me dedicasse ao teu santo serviço, e como me ofereceste tudo o que me era necessário para comer, beber, vestir e calçar (e o fizeste), de tal modo que eu não tive necessidade de pensar em tudo isto, a não ser na tua grande misericórdia" (Margarida de Oingt, Scritti spirituali, *Meditação V*, 100, Cinisello Balsamo, 1997, p. 74).

Das suas meditações intuímos também que entrou na Cartuxa de Poleteins em resposta ao chamado do Senhor, deixando tudo e aceitando a severa regra dos cartuxos, para ser totalmente do Senhor, para estar sempre com Ele. Escreve ela: "Doce Senhor, deixei meu pai, minha mãe, meus irmãos e todas as coisas deste mundo por amor a ti; mas isto é pouquíssimo, porque as riquezas deste mundo mais não são que espinhos pungentes; e quem mais as possui, mais é desafortunado. E, por isso, tenho a impressão que só deixei miséria e pobreza; mas Tu sabes, doce Senhor, que se eu possuísse mil mundos e pudesse dispor deles à minha vontade, abandonaria tudo por amor a ti; e ainda que Tu me concedesses tudo quanto possuís no céu e na terra, eu não me sentiria satisfeita, enquanto não te tivesse a ti, porque Tu és a vida da minha alma, e não tenho nem quero ter um pai nem uma mãe fora de ti" (Ibid., *Meditação II*, 32, pág. 59).

Também da sua vida na Cartuxa possuímos poucos dados. Sabemos que, em 1288, tornou-se a sua quarta priora, cargo que desempenhou até à morte, ocorrida a 11 de fevereiro de 1310. De qualquer maneira, dos seus escritos não sobressaem mudanças particulares no seu itinerário espiritual. Ela concebe toda a sua vida como um caminho de purificação, até a plena configuração com Cristo. Cristo é o Livro que deve ser escrito, gravado cotidianamente no próprio coração e na própria vida, de modo especial a sua Paixão salvífica. Na obra *Speculum*, Margarida, referindo-se a si mesma na terceira pessoa, sublinha que, pela graça do Senhor, "tinha gravado no seu coração a santa vida que Deus, Jesus Cristo, levou na terra, os seus bons exemplos e a sua boa doutrina. Ela tinha inserido tão bem o doce Jesus Cristo no seu coração, que até lhe parecia que Ele estava presente e segurava um livro fechado na sua mão, para instrui-la" (Ibid., I, 2-3, pág. 81). "Neste livro ela encontrava inscrita a vida que Jesus Cristo levou na terra, desde o seu nascimento até à sua elevação ao Céu" (Ibid., I, 12, pág. 83).

Diariamente, desde a manhã, Margarida aplica-se ao estudo deste livro. E, depois de o observar atentamente, começa a ler o livro da sua consciência, que revela as falsidades e as mentiras da sua vida (cf. ibid., I, 6-7, pág. 82); escreve de si mesma para beneficiar os outros e para fixar mais profundamente no próprio coração a graça da presença de Deus, ou seja, para fazer com que, todos os dias, a sua existência seja marcada pelo confronto com as palavras e as obras de Jesus, com o Livro da sua vida. E isto para que a vida de Cristo seja impressa na alma, de modo estável e profundo, a ponto de poder ver o Livro no seu interior, ou seja, até contemplar o mistério de Deus Trindade (cf. ibid., II, 14-22; III, 23-40, págs. 84-90).

Por meio dos seus escritos, Margarida nos oferece alguns indícios sobre a sua espiritualidade, permitindo-nos compreender algumas características da sua personalidade e dos seus dotes de governo. É uma mulher muito culta; escreve, habitualmente, em latim, a língua dos eruditos, mas escreve, inclusive, em franco provençal, e também esta é uma raridade: assim, os seus escritos são os primeiros, dos quais se conserva a memória, redigidos nesta língua. Ela vive uma existência rica de experiências místicas, descritas com simplicidade, deixando intuir o mistério inefável de Deus, sublinhando os limites da mente na sua compreensão e na inadequação da língua humana para manifestá-lo. Ela tem uma personalidade linear, simples, aberta, de doce carga afetiva, de grande equilíbrio e de discernimento perspicaz, capaz de penetrar nas profundidades do espírito humano, de compreender os seus limites, as suas ambiguidades, mas também as suas aspirações e a tendência da alma para Deus. Demonstra uma acentuada disposição para o governo, unindo a sua profunda vida espiritual e mística, com o serviço às irmãs e à comunidade. Neste sentido, é significativo um trecho de uma carta escrita a seu pai: "Meu doce pai, comunico-lhe que me encontro muito ocupada por causa das necessidades da nossa casa, que não me é possível aplicar o espírito em bons pensamentos; com efeito, tenho tantas coisas para fazer que não sei por onde começar. Não recolhemos o trigo no sétimo mês do ano, e os nossos vinhedos foram destruídos pela tempestade. Além disso, a nossa igreja encontra-se em condições tão precárias, que somos obrigadas a reconstruí-la parcialmente" (Ibid., *Cartas*, III, 14, p. 127).

Uma monja cartuxa assim delineia a figura de Margarida: "Através da sua obra, revela-nos uma personalidade fascinante, uma inteligência viva, orientada para a especulação e, ao mesmo tempo, favorecida por graças místicas; em síntese, uma mulher santa e sábia que sabe expressar com um certo humorismo uma afetividade inteiramente espiritual" (Una Monaca Certosina, Certosine, em *Dizionario degli Istituti di Perfezione*, Roma, 1975, col. 777). No dinamismo da vida mística, Margarida valoriza a experiência dos afetos naturais, purificados pela graça, como meio privilegiado para compreender mais profundamente e favorecer, com mais prontidão e ardor, a ação divina. O motivo reside no fato de que a pessoa humana é criada à imagem de Deus, e, por isso, chamada a construir com Deus uma maravilhosa história de amor, deixando-se envolver totalmente pela sua iniciativa.

O Deus Trindade, o Deus amor que se revela em Cristo a fascina, e Margarida vive uma relação de amor profundo pelo Senhor e, em contrapartida, vê a ingratidão humana até à pusilanimidade, até ao paradoxo da cruz. Ela afirma que a cruz de Cristo é semelhante ao leito do parto. A dor de Jesus na cruz é comparada com a de uma mãe. Ela escreve: "A mãe que me trouxe no ventre sofreu enormemente ao dar-me à luz, por um dia ou por uma noite, mas Tu, bom e doce Senhor, por mim foste atormentado não apenas por uma noite ou por um dia, mas por mais de trinta anos [...] como padeceste amargamente por causa de mim, durante toda a tua vida! E quando chegou o momento do parto, o seu sofrimento foi tão doloroso que o teu santo suor se transformou como que em gotas de sangue que desciam por todo o teu corpo até ao chão" (Ibid., *Meditação I*, 33, pág. 59).

Evocando as narrações da Paixão de Jesus, Margarida contempla estas dores com profunda compaixão: "Tu foste depositado no duro leito da cruz, de tal modo que não podias te mover, nem virar ou agitar os teus membros, como costuma fazer um homem que padece uma grande dor, porque foste completamente estendido e te foram cravados os pregos [...] e [...] foram dilacerados todos os teus músculos e as tuas veias [...] Mas todas essas dores [...] ainda não te bastavam, e, por isso, quiseste que o teu lado fosse traspassado pela lança, com tanta crueldade a ponto de fazer com que o teu doce corpo fosse totalmente pungido e lacerado; e o teu precioso sangue jorrava com tanta violência, que formou um longo percurso, como se fosse um grande regato".

Referindo-se a Maria, ela afirma: "Não surpreende que a espada que traspassou o teu corpo tenha penetrado também o Coração da sua gloriosa Mãe, que tanto amava sustentar-te [...] porque o teu amor foi superior a todos os outros amores" (Ibid., *Meditação II*, 36-39.42, p. 60 s.).

Caros amigos, Margarida de Oingt nos convida a meditar cotidianamente sobre a vida de dor e de amor de Jesus e de sua Mãe, Maria. É nisto que consiste a nossa esperança, o sentido da nossa existência. Da contemplação do amor de Cristo por nós brotam a força e a alegria de responder com igual amor, colocando a nossa vida a serviço de Deus e do próximo. Com Margarida, digamos também nós: "Doce Senhor, tudo quanto realizaste, por amor a mim e a todo o gênero humano, estimula-me a amar-te, mas a recordação da tua santíssima Paixão infunde um vigor inaudito no meu poder de afeto para te amar. É por isso que me parece [...] que encontrei aquilo que eu tanto desejava: amar unicamente a ti, em ti ou por amor a ti" (Ibid., *Meditação II*, 46, p. 62).

À primeira vista, esta figura da cartuxa medieval, assim como toda a sua vida e o seu pensamento parecem muito distantes de nós, da nossa vida e do nosso modo de pensar e de agir. Contudo, se considerarmos o essencial desta vida, vemos que diz respeito também a nós e deveria tornar-se fundamental, inclusive na nossa existência.

Ouvimos que Margarida considerava o Senhor como um livro, fixava o olhar no Senhor, e considerava-a como um espelho onde aparece também a sua própria consciência. E foi deste espelho que a luz entrou na sua alma: deixou entrar a palavra, a vida de Cristo no seu próprio ser e, assim, foi transformada; a consciência foi iluminada, encontrou critérios, luz e foi purificada. É precisamente disto que também nós temos necessidade: deixar que as palavras, a vida e a luz de Cristo entrem na nossa consciência, para que ela seja iluminada e compreenda o que é verdadeiro e bom e o que é mau; que a nossa consciência seja iluminada e purificada. Não há imundície apenas nas diversas estradas do mundo. Há imundície também nas nossas consciências e nas nossas almas. Só a luz do Senhor, a sua força e o seu amor nos limpa, purifica e indica o caminho reto. Portanto, sigamos *Santa Margarida* neste olhar dirigido a Jesus. Leiamos o livro da sua vida, deixemo-nos iluminar e purificar, para aprender a vida verdadeira. Obrigado!

## *Testemunhos iconográficos do culto à Margarida*

Nas manifestações iconográficas devocionais com que foi representada através dos séculos, Margarida é identificável, geralmente, pelo distintivo de prestar atenção especial a um *livro*, o da Vida de Jesus Cristo — dos mistérios de sua Sagrada Humanidade —, que aparece tanto na plenitude de sua idade, como na de menino, ou ainda com essa sua Humanidade presente no Santíssimo Sacramento, por ela levado num ostensório, ou, então, adorado sobre o altar. Em relação a esse livro, no qual ela devia se *espelhar*, às vezes, aparece outro do seu interior, onde Margarida passa a escrever o que vê no de Jesus.

Na igreja matriz de Oingt, na base de um dos nervos arquitetônicos da abóbada de cruzaria do coro, encontra-se o rosto feminino de uma monja que costuma ser identificado com a nossa Margarida. Não sabemos exatamente a causa de tal identificação, mas se esta tem um valor crítico firme, seria o testemunho mais antigo de sua veneração. Contudo, é bom ter em conta que sendo Oingt o lugar onde ela viu a luz deste mundo, até poderia se considerar como normal que, desde muito cedo, fosse ela, ali, muito estimada, mas não exatamente *venerada*. Isto principalmente se se considera que essa base pétrea costuma ser datada do século XIII, quer dizer, quando Margarida ainda estava viva; se for do século XIV, cresce a probabilidade de desejar demonstrar a santidade da monja falecida.

Seja como for, já que, nessa representação, ela não porta a auréola dos santos, de momento — enquanto não haja reações contrárias —, preferimos não ter essa representação como a mais antiga do seu *culto imemorial*.

Eis aqui a base de pedra aludida:

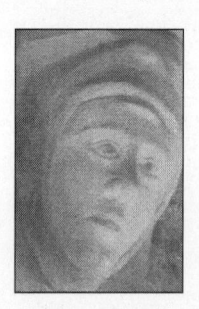

Passando agora a uma evidência de referência à santidade de Margarida, temos um vitral do século XVI que parece proceder da antiga Cartuxa de Lovaina (Bélgica), e, desde 1917, está no *Metropolitan Museum of Art*, de Nova York. Margarida está à direita com a auréola de santa, junto com o Menino Jesus que tem uma bandeirola onde se acha escrito: *DVLCI IHESI* — Doce Jesus.

Preside o vitral São Bruno, tendo a seu lado os dois Santos Hugo, o de Grenoble e o de Lincoln. Na parte inferior esquerda, encontra-se a Beata Beatriz de Ornacieux.

Na parte superior do vitral, pode se ler a inscrição: "REMIT-TUNTUR EI PECC MULTA QM DILEXIT MULTU Luce XII (Lucas 12,48). MUITOS... (não dá para decifrar mais o que está escrito ali)". E no baldaquino do pai dos Cartuxos: "SANCTVS BRVNO".[22]

---

22 Este precioso vitral possui ainda mais um valor: ser até agora a representação iconografia mais antiga de São Bruno que conhecemos em toda a América, mesmo que vinda da Europa. O quadro da escola de Zurbarán de Lima (1640 aprox.) e a imagem de Bogotá (1640/90) — enquanto não se descubram outras mais antigas — continuam a ser os exemplares mais imemoriais do culto a São Bruno em toda a América. Quanto às representações de Santo Hugo de Grenoble, Santo Hugo de Lincoln e da Beata Beatriz, estas do referido vitral são também as mais antigas do mesmo continente, enquanto não se identificarem outras.

Da mesma região é esta pintura flamenga de 1695, obra de Gilles Le Plat Ghent (1656-1724) para as monjas da Cartuxa de Santa Ana no Deserto, de Bruges (Bélgica).

Sob a iconografia da Trindade como *Compassio Patris*, muito difundida na época, encontramos São Bruno, tendo a Beata Beatriz de Ornacieux, Santo Hugo de Grenoble e Santo Anselmo. À direita, *Santa* Margarida, Santo Hugo de Lincoln e Santo Estêvão de Die. Como coisa curiosa, Bruno e os demais Santos monges têm uma seta de fogo sobre seu peito, as duas Santa cartuxas não a têm, mas os seus rostos aparecem resplandecentes no amor da Trindade.

Gravura da "Bem-aventurada Margarida", de 1657. Nela, ela está representada com a iconografia do Livro, amparado por ela e no qual o próprio Menino Jesus assinala, com os dedos de sua mão direita, o que ela deve ler, enquanto, na mão esquerda, Ele segura o globo terrestre todo coroado com sua Cruz. No fundo, à direita, ela parece estar em adoração ao Santíssimo colocado sobre um altar, apresentando-lhe algo como que a estola[23] da sua consagração virginal.

Margarida está revestida, aqui, com três dos atributos das virgens consagradas cartusianas: o anel, a estola, a cruz e a coroa, só lhe falta a vela na mão, talvez isso se explique por não ter mais mãos para isso.

Na inscrição pode-se ler: "A Bem-aventurada Margarida Cartuxa. Toda a sua vida ensinada por Jesus Cristo. Dedicada (a gravura) à Venerável Senhora D. Joana Comaille, muito digna Priora da Cartuxa do Vale (riscado a mão) *Mont* (escrito a mão) de Nossa Senhora em Gosnay les Bethune, 1657. A. Nassabfe (?)". Essa cartuxa havia sido fundada, em 1329, por seis monjas da Cartuxa de Bruges e ficava distante 119 km de lá.

---

23   Esse tipo de estola é, igual à dos sacerdotes, um paramento religioso constituído por uma faixa de pano, cujo centro — formando como que um V invertido — fica na parte de trás do pescoço e as duas extremidades pendem paralelas umas às outras na frente.

Nesta representação de 1620-1625, da Cartuxa de Florença, obra do pintor Rutilio Manetti († 1639), Margarida aparece introspectiva, olhando para Jesus Cristo que, no Livro, lhe faz prestar atenção sobre Sua vida, enquanto, no chão, se vê o livro dela.

Essa pintura parece dar a entender que tal revelação lhe acontecera sendo ela noviça, pois Margarida aparece representada com o véu branco das noviças. De sua cabeça saem os raios da auréola dos santos. Aos pés da mesma, de novo, vemos o Livro dela própria, para o qual deveria passar os ensinamentos escritos no livro de Jesus.

Este belo afresco da Cartuxa de Milão, pintado por Simone Peterzano (1578-1582), se destaca por nos apresentar Margarida absorta com grande naturalidade na leitura de seu Livro, numa oração contemplativa, calma e profunda.

Ainda que sobre a sua cabeça não encontremos a auréola dos santos, esse afresco está colocado no conjunto dos santos da Ordem, e nenhum deles traz tal auréola.

Nesta pintura, nossa monja cartuxa é denominada: "Bta. Margarita de Dion", não sabemos a causa de dito sobrenome, mas com esse "Dion" parece que o artista quis colocar, em espanhol, o que ele ouvia, foneticamente, em francês. Outra interpretação seria a de querer escrever "D[e] [L]yon", em referência à região do seu nascimento.

Bom é destacar, aqui, que creditamos ser esta bela representação de Margarida a única executada por um de seus irmãos Cartuxos, o português açoriano Frei Francisco Morales (1660-1720),[24] que a fizera alguns anos antes de 1720, encontrando-se na Cartuxa de Granada.

A "Beata" está pintada dirigindo o seu olhar contemplativo para Jesus, que lhe apresenta o Livro de sua vida, no qual ela deve ler e se espelhar, ao mesmo tempo em que

---

24  Fr. Francisco nasceu nas ilhas Açores, trasladando-se, logo, para a Espanha, onde foi discípulo e colaborador do afamado pintor Antônio Palomino Velasco (1664-1726). Sua vocação cartusiana parece ter desabrochado ao trabalhar com seu mestre na Cartuxa de Granada. Palomino o teve como colaborador no afresco da cúpula do famoso Sacrário-Cartusiano dessa Casa, confiando-lhe a execução de seis quadros da vida de Jesus, assim como outros quatro de santos e santas da Ordem, na Sacristia, um deles é esse de Margarida, assim como outro de Santa Rosalina e um terceiro de Nossa Senhora aparecendo a São Bruno e a Santa Rosalina.

Depois, passou à Cartuxa de El Paular, perto de Madri, onde faleceu deixando diversas pinturas a óleo e em afresco, dentre as quais se destacava o quadro da Virgem, que presidia a estala prioral, e as pinturas para os espaços ovalados das quatro paredes do pequeno claustro.

ela começa a escrever no seu próprio livro as reflexões que tira do de Jesus. É, sem dúvida, uma das mais belas representações da serva de Deus que temos atualmente.

Neste outro afresco do século XVIII, da Cartuxa de Pisa, ou de Calci, de novo, Margarida é identificada com um sobrenome singular numa bandeirola acima dela: "B[EATA] MARGARITA DE DUVN (sic) MONIAL ORD[INIS] CAR[USIENSIS]". Ignoramos o significado desse "DUVN", mas parece que houve um erro ao escrever como "DUVN" o sobrenome de Margarida que Dom Leon Le Vasseur havia traduzido como "DUYN" (*Les Ephemerides de l'Ordre des Chartreux*. Tomo I, página 167).

Como identificação iconográfica, Margarida só tem, aqui, suas mãos dispostas, em oração, sobre seu peito, enquanto lhe vêm do Céu uns raios que a iluminam, talvez, fazendo referência ao que ela escreveu no seu livro *O Espelho*, após a revelação do alto.

Imagem em mármore de Margarida de Oingt, onde a encontramos, como na representação anterior, de meio corpo.

Aqui, ela só tem uma das mãos sobre o peito, a direita. Possivelmente, o artista queria expressar, desse modo, a conversa ou a união interior de Margarida com o Senhor, enquanto que a sua mão esquerda parece estar apontando para o chão: o que via do Alto, devia trazê-lo para o cotidiano de sua vida.

Esta imagem encontra-se na Cartuxa de São Jerônimo, de Nápoles.

Entre os modernos desenhos devocionais de Margarida, que circulam na atualidade, surge este.

Nele, ela aparece com o *Livro da vida de Cristo* na mão, ao mesmo tempo em que a serva de Deus se esforça por aprofundar-se nele.

Margarida, por Fr. Francisco Morales (1660-1720). Cartuxa de Granada

# Literatura da cartuxa no Brasil

*Scala Claustralium*, de Guigo II, em português, na obra *Lectio divina, ontem e hoje*. 4ª ed. aumentada. Juiz de Fora: Subiaco, p. 13-34.

*O Deserto*. Por Manuel Ribeiro. 5ª ed. Lisboa: Imprensa Lucas e Cia.

*Deus Responde no Deserto: Bruno, o Santo da Cartuxa*. Por Giorgio Papásogli. Braga: Gráfica Livraria Editora Pax.

*Deus é Amor*. Por Um Monge Contemplativo. Petrópolis: Editora Vozes.

*Solidão para a Epifania de Deus*. Por Emanuel Silva Matos. Évora: Fundação Eugénio de Almeida.

*A Missa mistério nupcial*. 2ª ed. Por um Cartuxo. Juiz de Fora: Subiaco.

*Silêncio da cartuxa*. 2ª ed. D. Augustin Guillerand. Juiz de Fora: Subiaco.

*Intimidade com Deus*. Por um Cartuxo. São Paulo: Quadrante.

*A vida em Deus*. Por um Cartuxo. São Paulo: Quadrante.

*Silêncio com Deus*. Por um Cartuxo. São Paulo: Quadrante.

*La Cartuja*. Vários Autores. São Paulo: Quadrante (em espanhol).

*Antologia de autores cartuxos: itinerário de contemplação*. Por um Cartuxo. São Paulo: Cultor de Livros.

*O Rosário das cláusulas. Uma Lectio orante com Nossa Senhora*. 3ª ed. Por um Cartuxo. São Paulo: Cultor de Livros.

*A vida interior simplificada e reconduzida ao seu fundamento*. 2ª ed. Por um Cartuxo. São Paulo: Cultor de Livros.

*Palavras do Deserto. Homilias de um Cartuxo*. Porto Alegre: EDIPUCRS.

*Palavras de Monges Cartuxos*. Porto Alegre: EDIPUCRS.

*O discernimento dos espíritos*. Por um Cartuxo. São Paulo: Paulinas.

*Solidão. Silêncio e presença em São Bruno*. Por Emanuel Matos Silva. Ed. Gráfica de Coimbra (Portugal).

*Testemunhas da bondade*. Giossepe Gioia. Ed. *Apostolado da Oração*. Braga (Portugal).

*Testemunhas da bondade*. Giossepe Gioia. Em áudio livro. São Paulo: Ed. Molokai.

*Introdução à vida interior*. Por um monge Cartuxo. São Paulo: Ed. Molokai.

*Contemplação e sacerdócio.* 2ª ed. Dom Jean-Paul Galichet, monge cartuxo. São Paulo: Ed. Molokai.

*Escritos Espirituais.* Por Um monge Cartuxo. São Paulo: Ed. Molokai.

*O caminho cartusiano pelo deserto: magistério dos últimos Papas sobre a Cartuxa.* São Paulo: Cultor de Livros.

*Margarida de Oingt, monja cartuxa do século XIII. Sua vida mística, sua obra Speculum e o seu culto imemorial.* São Paulo: Cultor de Livros.

*Pensamentos.* Guigo I, monge cartuxo (em preparação).

## Contato de vocacionadas com uma Cartuxa feminina

*Certosa della Trinità*

Loc. Ca' Bulin, 1
17058 DEGO SV
Itália

Tel. :019 57 81 8800 39 019 57 81 88
Fax. :019 57 81 8700 39 019 57 81 87

E-mail: certosa.tinita@chartreux.org

## Contato de vocacionados com uma Cartuxa masculina

*Cartuxa Nossa Senhora Medianeira*

Rod. RS 348, s/n.
Zona Rural
98160-000 — IVORÁ, RS
Brasil

Tel: 55 99654 72 00
E-mail: cartuxamm@terra.com.br

[cultor de LIVROS]